中国共产党诞生地
出版工程

# 龙大道画传

龙华英烈画传系列丛书

中共上海市委党史研究室
龙华烈士纪念馆 编

钱晨晨 著

上海人民出版社

# 龙华英烈画传系列丛书编委会

# 出版说明

　　"一个有希望的民族不能没有英雄，一个有前途的国家不能没有先锋。"习近平总书记强调，我们缅怀革命先烈，为的是继承他们的遗志，发扬他们的精神，不忘初心，牢记使命，在他们用生命和鲜血开辟的道路上不懈奋斗、永远奋斗。为弘扬伟大建党精神、用好英烈红色资源，优化英模人物宣传学习机制，推动全社会崇尚英雄、缅怀先烈、争做先锋，从中汲取奋进中国式现代化的强大精神力量，由中共上海市委宣传部组织，中共上海市委党史研究室、龙华烈士纪念馆编写"龙华英烈画传系列丛书"，致敬为真理上下求索、为信仰奋斗牺牲的革命先驱们。

　　上海市龙华烈士陵园（龙华烈士纪念馆）是党的创建和大革命时期、土地革命战争时期著名英烈人物最为集中的纪念地，是记录中华民族近现代英雄史诗的丰碑，也是上海建设社会主义现代化国际大都市的红色文化根脉。在新中国成立前，中国共产党产生了 171 位中央委员，其中有 42 人牺牲，在龙华牺牲了 7 位，占六分之一；首届中共中央监察委委员 10 人中有 8 人牺牲，在龙华牺牲了 4 位，占二分之一；其他曾在龙华被关押过的革命者更是数以千计。2021年7月，为庆祝中国共产党成立100周年，"龙华英烈画传系列丛书"推出第一辑共11册，讲述了罗亦农、杨殷、彭湃、陈延年、赵世炎、陈乔年、林育南、杨匏安、张佐臣、许白昊、杨培生11位龙华英烈的事迹。2023年10月，推出丛书第二辑5册，讲述了李求实、柔石、胡也频、冯铿、殷夫"左联五烈士"的事迹。2024年，又推出丛书第三辑6册，讲述"龙华二十四烈士"中何孟雄、龙大道、欧阳立安、罗石冰、恽雨棠、李文、彭砚耕、刘争、汤仕佺、汤仕伦、伍仲文、蔡博真、贺治平、费达夫、段楠、王青士、李云卿等17位烈士的事迹。丛书按照烈士生平脉络，选取若干重要历史事件，配以反映历史背景、切合主题内容、延伸相关阅读的丰富历史图片，以图文并茂的方式叙写龙华英烈们在风雨如晦中坚持真理、坚守理想，在筚路蓝缕中践行初心、担当使命，在艰难寻路中不怕牺牲、英勇斗争，在生死考验中对党忠诚、不负人民的崇高精神，彰显了早期中国共产党人把人生价值和理想追求深深植根于谋求民族复兴、人民幸福之中，为革命披肝沥胆、甘洒热血的牺牲与奉献。

丛书所收录的图片和史料多源自各兄弟省市党史研究室、纪念场馆，以及中共上海市委党史研究室、龙华烈士纪念馆等的公开出版物及展陈，或源自英烈后代、专家学者的珍藏。基本采用历史事件发生时期的老照片，但由于年代久远且条件有限，部分无法直接利用的老照片，或进行必要修复，或通过对现存史料进行考证后重新拍摄。

丛书反映内容跨度长、涉及面广、信息量大且年代久远，编写人员虽竭尽全力，但不足和疏漏之处在所难免，敬请广大读者批评指正。

# 目 录

木商遗风　年少怀志

LONG DADAO

亟拯斯民于水火，切扶大厦之将倾。面对"强邻环列，虎视鹰瞵"的深重危机，英雄的中国人民在救亡图存道路上一次次抗争、一次次求索，于龙大道而言亦是如此。从西南腹地的大山深处出发，龙大道对救国救民真理之路的探寻，紧紧贴合着近代社会变革和民主革命的潮流，与国家民族的命运紧密联系在一起。

## 木商文化浸润的精神风骨

贵州省锦屏县，位于今黔东南苗族侗族自治州东南边隅，是云贵高原向湘西丘陵过渡地带，境内峰峦起伏、河流纵横，以穿

龙大道

龙大道的故乡——茅坪俯瞰今貌

境而过沟通贵州与湘楚等地区的清水江最为著名。1901 年 10 月 6 日，龙大道出生在清水江下游边的茅坪（今有"木商古镇"之称）上寨。

作为贵州省最早对外开放的前沿地带，茅坪位于锦屏县东北角，黄哨山南麓，是清水江下游湘黔交界的咽喉位置，而其沿江两岸的山山岭岭，自古以来即为杉木所据。这在清代《黔南识略·黎平府》一书中，就有对清水江茅坪段丰富林业资源的记载："郡内（黎平府境内）自清江（清江厅，即今剑河县）以下，至茅坪（锦屏县内）二百里，两岸（森林）翼云承日，无隙土，无漏阴，栋梁杠桷之材，靡不毕具。坎坎之声，铿訇空谷。"

这些杉木质地轻韧，通身笔直，又少分枝旁蔓，因其用途广泛，木材商人纷纷溯江涉足于此，逐渐汇聚成了"木材时代"的滚滚洪流，也加快了茅坪木材贸易和木商文化从兴起走向鼎盛的发展进程。

依水而生，因木而兴。凭着黔头楚尾的地理位置和穿境而过的清水江，茅坪从明清时期至20世纪80年代是贵州最大的木材集散地。此间，在明代后期，清水江下游的汉族木商竞相来到这个沿江村寨，购买木材以运下江淮市场售卖牟利，茅坪成为清水江最早对外开放的埠口。19世纪初，由茅坪外销的木材达300万两白银，当地略有家资的无不争开木行以接待买卖木商落脚。同治末年至光绪中期，茅坪的木行、屠宰、洗染、豆腐、打铁等作

茅坪山水秀丽，清水江穿境而过，开发较早，水运发达，木商云集，是明清时期贵州最大的木材集散地。图为茅坪水上木坞和木行

坊和酒肆以及日杂货店等有近百家，已然是当时清水江沿岸的一大经济重镇。

1901年龙大道出生时，家中就开有一个木行用来经营木材生意。这是由于当时汉族木商和苗侗族木主之间不能直接贸易，需要有中间媒介。而龙大道的父亲龙治藩因"本系黑苗同类，语言相通，性情相习"，[①]又较早与汉族人民接触，熟悉汉语汉文，所以自然也开办了木行接待买卖木商，偶亦自营木材买卖。龙大道便是生长在这样一个"木商古镇"的木商家庭中，家庭经济条件在当地也比较宽裕，且因家中常有下游来此的汉族客商（多为武汉客商）长期居住，他不仅从小就与汉族人民有接触，对汉语汉文的熟悉也比较早地就开始了。

随着木材市场的形成和木材贸易的长期兴盛，以锦屏为中心的清水江流域苗族、侗族地区，日渐成了苗族、侗族、汉族和其他民族集聚、交流的舞台。其中，茅坪便是苗族、侗族、汉族等民族集聚的典型村寨。这里各族人民世代杂居，相互联姻，和睦

---

① 嘉庆六年（1801年）十二月二十七日碑刻："黔省黎平府地处深山，山产木植，历系附近黑苗陆续采取，运至茅坪、王寨、卦治三处地方交易。该三寨苗人，邀同黑苗、客商三面议价，估着银色，交易后，黑苗携银回家，商人将木植即托三寨苗人照夫。而三寨苗人本系黑苗同类，语言相通，性情相习。而客商投宿三寨，房租、水火、看守、扎排，以及人工杂费，向例角银一两给银四分，三寨穷苗藉以养膳，故不敢稍有欺诈，自绝生理。"

相处。龙大道的家庭就是一个苗侗联姻之家，他的父亲龙治藩是苗族人，他的母亲王姜月是侗族人。因父亲龙治藩常年经营木材生意而外出奔忙，家中大小事务多靠母亲操持。龙大道三岁时，其生母王姜月病逝，[①]后便由继母吴合翠抚养教育长大。或许是为了感念早逝的母亲，龙大道一直称自己是侗族人（一说苗族[②]）。

由于清水江水道的关系，茅坪较早受到湘楚汉文化影响，其人文资源开发也比较早。水运三千里，木商五百年。据碑刻、谱

龙大道祖母百岁寿辰时的全家福合影。左起三排第四为龙大道的父亲龙治藩，第三为龙大道的继母吴合翠

---

① 《龙氏家谱》记载：龙大道母亲王姜月"殁於光绪甲辰年（1904年）八月十八日卯时"。
② 在20世纪初的茅坪，由于长期以来父系家长制的历史延续，子女的族别是以父亲的族别为准的。且当时的茅坪主要以苗族为主，侗族人多为嫁至茅坪的女子。

牒和口碑传，茅坪因最初为一茅草坪而得名，后开寨于元末，距今已有700多年。因着"八山一水一分田"的地理环境特征，这里的人民历来以青山为靠，以杉林为伴，垦山而食，构木而居，进而形成了一种勤劳坚韧、善良朴质，不畏艰难、顽强抗争的精神品格。同时，伴随明清以来清水江流域木材贸易的繁荣发展，茅坪较早和大量接触湘赣江淮等长江中下游经济文化较发达地区的商业文化，又逐渐形成了一种特殊的以诚信、生态、礼法、和谐为精髓的地域文化——木商文化。

几百年的积淀与升华，木商文化和民族基因的互动传承，使茅坪的人们逐渐认识到文化教育的重要性，更催生出了"木材换人才"的茅坪故事，即出卖山场木材来筹资建学校，茅坪成为清水江流域为数不多的人才荟萃之地。

龙大道自幼秉性正直，勤奋好学。他的父亲龙治藩也特别重视对儿子的文化教育，他给龙大道取名龙康庄，字坦之，饱含了对儿子前途坦荡、人生顺遂的美好祝福。在龙大道七岁时，龙治藩就将他送进私塾，开始接受启蒙教育。尽管龙治藩经常要深入林区采购木材，但继母吴合翠对龙大道的抚养和疼爱从未缺席，还有龙大道的祖母、哥哥和诸多亲友，这群深受茅坪传统地域文化浸润的村寨人民，在养育、教导和陪伴龙大道的过程中，用他们身上正直忠厚、诚信友善的秉性气质，潜移默化地影响了龙大道。

## 民主思想埋下的革命火种

　　龙大道幼学之时，正当辛亥革命前夕，清朝政府日趋腐败，帝国主义侵略加剧。满目疮痍的故土山河之上，人民生活在水深火热之中。为了改变国家的境遇和命运，一大批新兴的资产阶级、小资产阶级知识分子开始创办刊物、著书立说，大力宣传爱国和革命思想，各种社会思潮杂然并起、竞相传播，自由与民主正在人们的心中悄然萌芽。

　　虽然贵州地处西南腹地，受到交通闭塞、通信落后的限制，

爱国华侨谢缵泰绘制的《时局图》形象描绘了 19 世纪末 20 世纪初中国面临列强瓜分豆剖的严峻局势

但并非完全封闭。伴随近代教育在贵州的起步与发展，这种新式教育在许多方面频开贵州风气之先，成为新生事物与近代人才成长的摇篮。可以说，1911年辛亥革命爆发前，贵州的各种新思想、新思潮也相当开放，不仅有陆军小学堂、通省公立中学堂等新式学堂和科学会、自治学社等革命团体，《黔报》、文通书局等报刊书社也相继而起。而龙大道的家乡锦屏茅坪所处的黔东地区，在民主革命思想不断地传播与影响下，亦涌现出了一批仁人志士。他们曾先后加入中国同盟会，并积极投身革命活动，其中如戴人俊等还在黔东地区成立了同盟会松桃分会。这些都为龙大道接触和学习民主革命思想培育了充分的社会土壤。

1910年底，湖南籍的中国同盟会会员吴志宾、黄竺笙受同盟会派遣，结伴来到湘、黔、桂毗邻地区从事革命的宣传活动。事

1905年11月，同盟会在日本创办机关报《民报》，孙中山在发刊词中阐述了三民主义的民主纲领

实上，中国同盟会自 1905 年成立以来，其后几年间一直同在它影响下的其他革命团体一起，积极开展全国范围内的革命宣传鼓动工作。得益于清水江流域的木材贸易，作为明清时期最大的木材集散地和木材贸易中心，龙大道所在的茅坪虽地处偏远，但顺江可达，往来进出并不十分闭塞。1911 年春，吴志宾、黄竺笙在龙安谱、龙燮廷等茅坪知名人士和开明绅士的邀请下，从湖南洪江顺江而上来到茅坪，开始以办学方式，秘密开展革命宣传活动。他们将礼义、仁智两学堂合并，创办新学堂——茅坪小学堂，招收年轻子弟，启化新智，传授新知，很快民主革命的思想也在茅坪得到初步传播。

龙大道在父亲龙治藩的开明支持下，离开私塾，和龙治茂（即龙云，与龙大道系表叔侄关系）等十来个家境较好（多开有

茅坪学堂旧址

木行或经营木材贸易）又年龄相差不大的少年，率先来到了这个新学堂，开始接受新教育。除了学习到此前茅坪这一带成年人大都闻所未闻的天文、地理、算术以及中国之外的新知识，两位先生还经常给龙大道等讲清朝政府的腐败无能，外国列强的残酷侵略等近代以来国家的悲惨境遇和严峻形势。不同于私塾教育的启蒙读物，这个新学堂里的两位先生对西学课程的设置和对民主革命的宣传，都为龙大道提供了更为广阔的知识视野。也是从这时起，年幼的龙大道初步受到民主革命思想的熏陶，开始在"读书不忘革命，革命不忘读书"的鞭策下，关心国家命运和思考社会发展，这就为他其后选择投身革命、追求真理的道路埋下了思想火种。

龙大道的两位先生吴志宾、黄竺笙在茅坪办学堂只有短短半年多时间。1911年10月10日，辛亥革命爆发，此后全国14个省陆续响应，宣布脱离清政府统治而独立。湖南作为14个省中率先响应的省份，由于龙大道的家乡茅坪正处湘黔交界，吴志宾、黄竺笙因革命形势发展的需要，随即从茅坪离开，下洪江革命去了。后来，茅坪小学堂办得不顺利，时断时续，龙大道便转到了县城，继续读完高小。但是，对于刚刚入学接受启蒙的龙大道来说，两位先生充满革命思想的语言和毅然投身革命运动的行动，深深印入了他幼小的心里，对他以后的成长产生了深刻的影响。

1911 年 10 月，武昌起义革命军开赴前线的情形

## 洞见疾苦生出了赤诚初心

龙大道虽然出生在一个家境较好的木商家庭，但身处贵州这个深受封建统治剥削和压迫的边远地区，他在年少的生活和学习中，即便囿于认知局限，依然不可回避地对清王朝的腐朽黑暗和百姓的困苦有了切身感受与深刻认识。

清末的贵州各种苛捐杂税，战乱肆虐，导致地方凋零、农业破产，百姓生活难以为继。加之历史上民族歧视的长期存在，贵州的民族暴动和民族起义不断。辛亥革命爆发前，贵州各族群众与清政府及帝国主义的矛盾已十分尖锐。据 1908 年 5 月《贵州

位于贵州省锦屏县茅坪镇的龙大道故居今貌

龙大道故居还原了龙大道书房的布置

农民疾苦调查》所载，"贵州人口七百万，以农民为最多，而农民之中又以佃农为最多。佃民对于田主，凡领一钩斗（约普通六斗六升）谷种者，需纳谷十一斛，故所余之谷无几……故农民居恒食荞麦蕨根稍杂米谷，斯为幸矣""每岁之中，乡村之间必有逃难之民""流徙他方以乞丐终"，可见阶级剥削和民族压迫下贵州民生之疾苦。

龙大道的家乡茅坪，因常年的木材贸易，一直将水运作为主要的交通途径，一批水运工人队伍便逐渐发展壮大起来。一千零二十里清水江，水流湍急，险滩遍布，茅坪当地一度将放运木排称为"把命别在裤腰带上讨饭吃的活"。年幼的龙大道也时常能够看到清水江上的排筏工人，一次次挥舞着竹竿远去又归来。但

排工在清水江上放排

也正是这些辛勤劳作、努力生活的水运工人，长期以来深受封建反动统治者的压迫和木商、地霸的剥削，工作安全没有保障，工资报酬很低，且地位低下，生活极为贫困。因此，为了自己的合法权益，他们也时常组织起来同木商、行户和把头们进行斗争，仅光绪年间已见有文字记载的就有三次，而斗争最激烈的一次，即"1908年4月25至26日，清水江的工人100余人，集于茅坪，各持刀茅和洋炮，将卦治（指卦治木商会）放下的木排，概行截止放行，要求增加工钱。经过斗争，官府和木商被迫同意增加工资"。年少的龙大道，就是身处在这样一个动乱和改革并举、悲剧不断与斗争觉醒同生的成长环境中。

袁世凯倒台后，各派军阀在帝国主义的支持下，各霸一方。中国连年混战，民不聊生。图为穷兵黩武的军阀

辛亥革命失败后，国内军阀的割据和混战愈演愈烈。贵州作为全国率先响应辛亥革命的省份之一，虽于1911年11月4日正式宣布光复，但好不容易建立起来的贵州资产阶级革命政权——大汉贵州军政府仅仅存在了约三个月，便在1912年的"二二政变"①

1916年至1918年，龙大道就读中学时的天柱县立中学堂旧照

---

① 1912年2月2日清晨，贵州宪政派联合旧官僚，分别派兵前往黄泽霖、张百霖等自治学社骨干成员处所进行刺杀活动。时任大汉贵州军政府巡防总统领的黄泽霖被杀，枢密院院长张百霖被迫出走外省，自治学社遭到重创。此前，贵州的两大主要政治团体即自治学社与宪政派，一方主张革命，一方主张改良。

中被颠覆了。贵州自此陷入地方军阀混战，先后经历滇系军阀唐继尧，旧兴义系军阀刘显世，新兴义系军阀王文华、卢焘、袁祖铭，桐梓系军阀周西成、毛光翔、王家烈等的残酷统治。沉重的失望代替了原先的希望。而旧的路走不通了，就会寻找新的出路。一场更加巨大的革命风暴正在孕育着，将要降临到中国的大地上来。

1916年，十五岁的龙大道从锦屏县官立高等小学堂毕业。当时锦屏县内各类小学已发展到40多所，但仍然没有一所中学，家庭条件尚好的小学毕业生们都不得不远离家乡，跋山涉水到天柱、黎平以及湖南洪江等地求学。而在距茅坪四十公里外的天柱县城中，由于县立中学堂是提抽茅坪、王寨等清水江沿江木埠"江费"（木材税收）创办起来的，所以大量招生锦屏地区的学生。龙大道便是如此去到了天柱县立中学堂继续学习。

从茅坪出发，龙大道要翻越寨后高高的黄哨山，才能前往天柱县城。因山道极其险峻，《黎平府志》称之为"黔山第一险径"。民国初年，侗族辛亥革命志士龙昭灵亦有这样一首描述黄哨山险道的诗（节选）：

黄哨山高上下难，难莫难于半山险。

处之石栏杆，俯视山腰悬绝壁，仰视山头入云端。

马意踟蹰仆心怯，一行一驻一长叹。

屏山四万八千丈，鸟道中开盘又盘。

瀑布直飞山崖里，路旁水井为谁干。


　　赴学之路虽山高道险，但龙大道不惧艰辛，十分珍惜能够继续学习的机会。因此，在天柱县立中学堂，已经过民主革命启蒙，也见过人民悲惨境遇的龙大道，不仅更加注重从书本上学习知识，还会在和同学们探讨各种疑难问题时，主动走到实际生活中去触发灵感和探求答案。他诚实善良，文静执着，办事果敢，在校期间还曾发动同学共同接济一位家庭困难想要中途辍学的同学读完中学。只要同学有困难，他都会站出来帮忙；凡他认定在理之事，他都会坚持到底。褪去稚嫩的少年龙大道深得同学信赖和老师好评。

　　但学校毕竟地处偏僻，信息闭塞，对于年少的龙大道来说，锦屏、天柱这些地方太小，人的思想也太守旧。"水之积也不厚，则其负大舟也无力。"龙大道从寓居家中的木商口中听说过武汉、上海等大城市，也目睹过封建统治对边远地区少数民族的残酷剥削和压迫，又眼看着军阀骚扰和混战给当地人民带来的深重苦难，他渴望进一步了解国家和社会，更想要探寻到一条救国救民的真理大道。

于是未等毕业，龙大道便向学校陈述理由，毅然离开了天柱县立中学堂，决心到更加广阔、纷乱、复杂的社会中，去探索、去追求、去拼搏……

二

求问真理 为国立志

历史总是不停地前进着，并且不断地呈现新的内容。辛亥革命失败后，随着马克思主义在中国的传播，让奔走在探寻救国救民真理大道上的龙大道，看到了新的希望。他在武汉接受五四运动洗礼，在上海加入中国共产党，又在莫斯科比照俄国革命和中国革命道路，如饥似渴地学习和钻研着马克思主义。

## 在武昌，接受五四运动洗礼

　　1919年春，征得父亲龙治藩同意后，龙大道在寓居他家的武汉木商（父亲知交）的帮助下，与村里几个踌躇满志的青年一道告别了家人，也就此离开了家乡。拥着一腔孤勇，怀着满腔热忱，十八岁的龙大道已然乘上木商们准备外运的木排，准备好迎接新世界的风浪。这些木排不仅是清水江流域最早外运的物资，

1919年，龙大道和同村青年搭乘外运木排，顺清水江而下到武汉求学。图为龙大道故居所陈油画

也是清水江上最早的交通运输工具，曾于百年间经过一双又一双期许幸福生活的劳动人民的双手，如今也将载着这个渴望为人民找到幸福的少年去往新的征程。顺清水江而下，龙大道一行先后入三湘、汇沅江，又过洞庭八百里，在滩多浪险的江河之上几经辗转，最后安抵武汉。

湖北是辛亥革命的发源地。1911 年武昌起义胜利后，在全国各省的积极响应下，辛亥革命推翻了帝国主义的代理人清王朝的统治，也打乱了原有的反动统治秩序。但是人们预期的民族独立、民主和社会进步却未能来到，辛亥革命没有能够巩固它的胜利，只得以同旧势力妥协而告终。封建势力代替了革命，袁世凯代替了孙中山，原有的幻梦破灭了，中国的先进分子在对辛亥革命的反思和各种思潮的抉择中，继续探索着中国的前途和命运。但是与此同时，值得一提的是，辛亥革命后的武汉高等教育，承接晚清余绪，在全国长期居于领先地位，有许多同龙大道般年纪和志向的少年来此求学，他们从各地奔赴而来，终又散至全国革命的广阔天地。

因此，当龙大道来到这"辛亥首义之地"时，虽然政局动荡不已，民生凋敝不堪，但由于社会的缓慢进步，在新文化运动推动下，各种社会思潮也得以在此传播并不断演进着。这些思潮多半是以报刊为载体，以学校为集散地。有些学校甚至成为传播新文化、传播早期马克思主义的重要据点和与反动势力作斗争的重要阵地。1919年五四运动前后，更有董必武、陈潭秋、恽代英、林育南等早期共产党人先后在此汇聚，开始传播马克思主义，进行革命活动，推动着武汉地区青年运动、工人运动和妇女运动的蓬勃开展。或许也正是因为这里充满着新思潮、新文化的革命气息，在接下来的时间里，龙大道置身其中，其思想认识也在发生着深刻的变动。

不同于弃文经商或步入仕途的同村好友，龙大道来到武汉后坚持继续自己的学业，比起拥有个人优越的生活，他更渴望能够在不懈地求学过程中探求救国救民的真理，实现自己的年少抱负。也是在此时，经人介绍，龙大道即被一所思想活跃、学术自由的学校所吸引，开始了他在武昌的求学生涯。这所学校，便是我国第一所不依靠官府和外国人而独立创办的私立大学——私立武昌中华大学（今华中师范大学前身之一，简称"中华大学"）。五四运动前后，中华大学不仅聘请了黄侃、刘博平等著名学者和施洋、恽代英、黄负生等进步教师到校任教，还聘请了康有为、梁启超、章太炎、蔡元培、杜威、何尔康、泰戈尔等一批中外思想家、学者到校讲学。在军阀统治、封建思想禁锢的武汉，中华大学后亦成为武昌新文化运动的中心和湖北地区五四运动最早的响应者。

私立武昌中华大学校门旧照

　　1919年龙大道考入中华大学附属高中部时，正值中国共产党早期青年运动重要领导人之一的恽代英留校出任高中部教务主任（相当于校长），并兼国文、英文课教学。作为五四运动前后长江中游地区最有影响的青年领袖之一，此时的恽代英，不仅是湖北地区新文化运动的先驱和旗手，也是武汉地区爱国学生进步社团的发起和参与实践人之一。而在龙大道进入中华大学附属高中部之前，恽代英就曾于1917年10月在中华大学组织成立了武汉地区第一个进步学生社团——互助社，汇集了一批思想进步的知识分子，这也是全国最早的进步团体之一。1918 年 6 月，互助社又在中华大学门口办起了启智图书馆，许多青年学生都来此借阅宣传新思想、新文化的刊物。为了让广大青年"知道世界最近政潮、思潮大概的必要"，恽代英在启智图书馆的基础上，组织了书报代售部用以推销《新青年》《新潮》等进步书刊，这也成为武汉地区传播新文化思想的重要据点。

　　而这些都为其后龙大道在此接受新文化、新思潮提供了客观的条件。尽管恽代英后来曾回忆说，"我们组织这个团体，只不过是一方面督促自己学业品行上的进步，一方面帮助朋友，有时亦做一点为社会国家的事情，那时候，我们并没有真正主义上的

1918 年 6 月 19 日，互助社部分成员在武昌合影

信仰。"但在当时来说，先进知识分子通过社团的组织形式，探求救国救民的良策，已然掀起了一股追求真理、追求解放的潮流。这个潮流是生气勃勃的、前进的、革命的，它吸引着更引导着龙大道的快速成长。

在中华大学附属高中部学习期间，龙大道除认真完成日常课程中关于国学、科学、世界常识等国民常识，手工制造、化学制造、教育工作能力等生活技能，公民知识与道德、社会生活与社会服务等公民资格，英文程度提高、各科水平并重等升学能力之学习和养成外，还曾多次聆听恽代英的讲课和演讲，受其进步思想影响甚深。恽代英在教授国文、英文时，不仅会经常讲述近代中华民族屡遭列强侵略的惨痛历史，激励学生的爱国情感，要求学生关心国事，同时注重让学生能够学到切实为社会服务的真正有用的知识，并时常选用报刊上一些思想先进、有文采的好文章，铅印出来作为课本。他还提倡并参与学生的各种演讲会，鼓励学生积极参加爱国运动和新文化运动，恽代英虽为一校之长，但平易近人，没有一点架子，经常指导学生做好准备轮流演讲或辩论。这些都让年轻的龙大道开拓了自己的知识视野，更结识了许多志同道合的朋友和思想先进的革命者，他们相互支持、共同成长，一同探讨救国救民的道路。

1919年5月4日，因巴黎和会上中国外交的失败，以学生斗争为先导的五四爱国运动在北京如火山爆发一般地开始了。北京十几所学校的学生 3000 余人齐聚天安门前示威，他们高呼"取消二十一条""还我青岛""诛卖国贼曹汝霖、章宗祥、陆宗舆"[①]等口号，要求北洋军阀政府代表拒签合约。很快，学生的爱国狂飙就从北京席卷至武汉。

1919 年 5 月 6 日，《汉口新闻报》率先报道北京爱国学生举

1919 年 5 月 4 日下午 1 时许，北京 3000 余学生齐集天安门前示威游行，要求收回山东特权，拒绝在巴黎和会上签字，废除"二十一条"、抵制日货等

---

① 曹、章、陆是北洋军阀政府的三个亲日派官僚。

行五四游行示威的消息。同日,《大汉报》在头版以《北京快电》为标题也报道了同一消息,并发表短评《中国可以不亡》,指出北京学生的爱国行动说明"国势危急之秋,人心尚未死绝,攘臂一呼万山响应,中国或可不亡,此又可喜之事也"。当天晚上,龙大道所在中华大学附属高中部,教务主任恽代英与学生林育南即在商议响应北京爱国学生号召一事,并连夜赶印了600份爱国传单。因第二天是五七国耻日,武汉地区"各机关各学校均放假一天,以示不忘"。而中华大学为"鼓励尚武精神""振扬国威",则定于该日举行运动会。

1919年5月7日,人头攒动的中华大学运动场上,至下午时间已集聚了6000余名学生。恽代英带着互助社成员们,四处散发传单,呼吁更多进步青年加入爱国运动中来。一张张满怀悲愤、振聋发聩的传单,引起了龙大道等莘莘学子的强烈共鸣,也鼓舞着他们投身这场爱国运动。正如传单中写道:

## 四年五月七日之事

有血性的黄帝的子孙,你不应该忘记四年五月七日之事。现在又是五月七日了。

那在四十八点钟内,强迫我承认二十一条协约的日本人,现在又在欧洲和会里,强夺我们的山东,要我们四万万人的中华民国，做他的奴隶牛马。

你若是个人，你还要把金钱供献他们，把盗贼认做你的父母吗？

我亲爱的父老兄弟们，我总信你不至于无人性到这一步田地！

1919 年 5 月 17 日，武汉地区 26 所学校代表在中华大学开会，正式成立武汉学生联合会（以下简称"学联会"），"以热忱爱国联合感情为宗旨"，会址就设在中华大学，并决定第二天举行反日示威游行活动。5 月 18 日下午，学联会组织 3000 余名学生汇集武昌阅马场，举行第一次游行示威。恽代英则在中华大学的游行队伍出发之前，向全体学生发表了慷慨激昂的演说："你

《申报》1919 年 5 月 19 日报道了武汉学生联合会成立的消息

们决心去游行、演讲、发传单，唤醒民众，这是爱国行动！我们和恶势力斗争，就要准备被捕，坐牢，流血。但不管有多少困难，一定要坚持下去，不达目的，誓不罢休！"其后连日都有学生上街游行演讲，龙大道也以极大的热忱投入到了这场汹涌的革命洪流之中，他不仅呼口号、写标语、宣传演说，更在同学们一声声振臂高呼中，被他们身上表现出的极大的英雄气概和牺牲精神所深深感染，热血沸腾、斗志满怀。

日益高涨的学生爱国运动引起了反动当局的恐慌、阻挠和镇压，在听闻学联会决定响应北京、上海学生，自6月1日起实行总罢课后，1919年6月1日清晨，湖北督军王占元派出大批军警封锁各校。但学生们依然冲破了封锁，从粮道街、巡道岭、昙华

武昌学生游行

1919 年 6 月 1 日，私立武昌中华大学被军警殴伤之学生摄影

林冲上大街，继续演讲。恼羞成怒的王占元命令军警驱逐听众，先后殴伤学生 10 余人，逮捕数十人。6 月 3 日，不顾当局"限学生 3 天之内全部离校"的禁令，龙大道所在中华大学数十名学生在暴雨中冲上街，散发传单、发表演讲，遭到反动军警的再次残酷镇压，其中便有龙大道的同学吴序宾被殴打至口吐鲜血送往医院。这两次血腥事件，史称"六一惨案"和"六三惨案"。反对当局如此严厉的镇压，让学生斗争一度转入低潮。但因着这血的

五四运动时的传单

教训，龙大道也开始认识到，面对这样的反动武装，光靠学生孤军奋战是远不能够的。

就在这时，一个重要的事实也在武汉发生了：中国工人阶级开始以独立的姿态登上政治舞台。1919 年 6 月 10 日，汉口数十家商店率先举行罢市并联合发表《罢市宣言》，有的商店门首还大写"国耻痛心，休业救国"等标语。当晚，为发动更多商家响应罢市，恽代英以学联会名义连夜拟出《为什么要罢市》《罢市的目的和方法》等传单，并将罢市情况和口号写在纸扇上，组织学生向汉口和武昌各商店广为散发。6 月 11 日，汉口各繁华街区相继罢市。同日，武汉的工人阶级也鸣响了罢工的汽笛，申汉轮船水手及伙夫举行同盟罢工，使得申汉之间交通"全然在杜绝状态"。6 月 12 日，武汉各公司大小商轮工人开始相继罢工，"一律停止装运客货"，日本人所开设工厂中的中国工人纷纷离厂。与此同时，武昌全城罢市并发表罢市宣言，更有武昌商会开会决议："一、查办警务处长崔振魁、督察长杜杰；二、恢复学生自由，电请北京政府释放北京被捕学生；三、惩办行凶军警；四、惩办卖国贼。"至此，武汉地区的五四运动突破知识分子的狭小的范围，开始成了有工人阶级、小资产阶级和民族资产阶级参加的更大规模的革命运动。

学生的请愿游行，商人的罢市，再加上工人的罢工，迫使反动当局不得不正视人民的呼声，王占元宣告释放被捕学生，并向北洋政府去电要求拒绝在巴黎和约上签字。就这样，在以北京、天津、上海、武汉等主要城市为代表的全国爱国运动的压力下，北洋政府被迫下令罢免亲日派官僚曹汝霖、章宗祥、陆宗舆的职务，中国代表也没有出席 1919 年 6 月 28 日巴黎和约的签字仪式。五四运动这场彻底地不妥协地反帝国主义和封建主义的伟大斗争在全国取得了初步胜利。这让亲历其中的龙大道内心异常喜悦，但他也清醒地看到，这只是初步的成果，真正的斗争还没有结束。

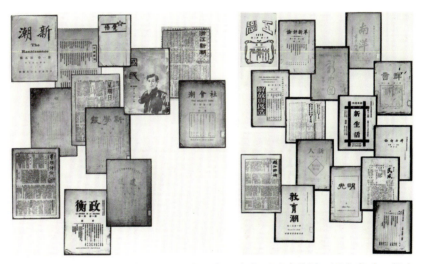

五四运动爆发后的一年时间里，马克思主义在中国迅速传播。图为当时一部分有较大影响的报刊

此时的龙大道，经过五四运动的洗礼，思想认识已经有了很大的变化。书本里、课堂上描述的、讲说的耻辱悲切和困苦愤懑，尚不能及真实的现实的残酷与震撼。在这场波澜壮阔的爱国运动中，龙大道看出帝国主义列强联合压迫中国人民的实质，更在斗争中亲眼看到工人阶级表现出来的伟大力量与广大人民群众团结起来的伟大力量，这对他的革命意识觉醒和未来的革命道路起到了非常重要的作用，也使他更加坚定了追求革命真理的愿望和决心。

随着五四以后新文化运动的发展，各种社会主义思想纷纷涌入武汉，其中既有科学社会主义，也有无政府主义、新村主义、互助主义、泛劳动主义等其他社会主义流派。同许多进步青年一样，龙大道也在反复学习、比较和推求着。开始时，他对社会主义还只是一种朦胧的向往，有如"隔着纱窗看晓雾，社会主义流派，社会主义意义都是纷乱，不十分清晰的"。至1920年以后，伴随利群书社、马克思学说研究会、武汉共产党早期组织、武昌社会主义青年团等研究和宣传马克思主义的进步组织相继成立，马克思主义在武汉地区得到了快速传播，社会主义开始逐渐成为进步思想界的主流。在这种情况下，许多原来有着不同经历的先进分子，经过自己的深思熟虑和反复比较，先后走上了马克思主义的道路。

当时，武昌社会主义青年团的驻地就设在武昌。龙大道所在的中华大学，还有启黄中学、省立第一师范学校等大中学校，都是青年团和共产党的活动阵地。这些学校中也都有学生被先后发展为团员，而团的活动便是依靠这些青年团员，勇敢地积极地去开展马克思主义的宣传工作。正如董必武后来回忆说："社会主义青年团的组织伸展到各个大中学校里去，积极的青年学生们，学习着《资本论入门》，后来学习《共产主义 ABC》，热情地向人民宣传刚刚听来、学来的真理，革命情绪昂扬起来了。"

真理外力的宣传效果如何，关键还是要看宣传对象的内心是否能够产生共鸣。1922 年 3 月，龙大道被吸引着加入了社会主义

俄罗斯国立社会政治历史档案馆藏的《中国班的名单（至 1925 年 4 月 14 日止）》（复印件），名单中关于龙康庄（即龙大道）加入党团的记录

青年团组织，<sup>①</sup>正式开始了与马克思主义相遇、产生共鸣并最终结合的过程。

## 至上海，加入中国共产党

1922 年 6 月，龙大道从中华大学附属高中部第九班毕业。接下来该去往何处呢？龙大道深知，要想推翻旧势力的统治，需要

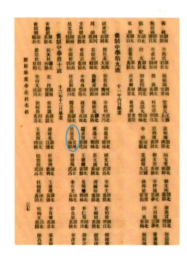

今华中师范大学馆藏资料——旧制中学及新制初中历届毕业学生姓名录。其中，关于"旧制中学第九班十一年六月毕业"的学生姓名录部分，明确载有"龙康庄（即龙大道）贵州锦屏"

---

① 俄罗斯国立社会政治历史档案馆藏《中国班的名单（至 1925 年 4 月 14 日止）》中，就有"龙康庄（即龙大道）"在"入团期"一栏中填写的是 1922 年 3 月的原始记录。收录在《上海革命历史文件汇集青年团上海地委文件 1925 年—1927 年》的《团上海地方团委调查表（1923 年 12 月）》一文中，亦有关于"龙康庄（即龙大道）"加入（团组织）时"为 1922"的明确记载。

有强大的团结力量和坚持不懈的革命斗争。或许去上海可以找到答案。于是不久后，在家里的支持下，龙大道离开武汉，奔赴上海继续自己的求学之路。20世纪20年代的上海富有革命的社会土壤，发达的工商业带来了不断壮大的工人阶级，也伴随着愈发尖锐的阶级矛盾。作为工人阶级最集中的城市，其在当时所表现出来的马克思主义传播能量和工人运动水平，都让一度远在武汉只能通过报刊了解情况的龙大道向往不已、关注甚切。此后的实践也证明，这次行程不仅是龙大道个人思想完成根本性转变的必经之路，同时也是他一生道路中一个伟大的、具有决定性意义的转折点，他将开始革命的新生。

1922年10月23日，在中国共产党和国民党酝酿合作的大革命背景下，上海闸北青岛路青云坊（后改名青云路，时属宝山县江湾乡）诞生了第一所由国共两党合作创办的高等学府——上海大学（简称"上大"）。这也是统一战线旗帜下，由中国共产党主导创办，并很快由中国共产党实际领导的为革命培养人才的第一所红色学府。在中国共产党和国民党左派以及进步人士的共同努力下，上大声誉日隆，红色学府名声不胫而走，吸引四方热血青年奔赴求学，在当时就赢得"武有黄埔、文有上大"之美誉。

那时候想"图一个出身之阶"或"谋一条出洋之路"的人，

20 世纪 20 年代的上海外滩

上海大学西摩路第一院校舍（1924 年 2 月—1925 年 6 月）旧貌

在 1924 年 4 月《上海大学一览》中，社会学系一栏有明确记载："龙康庄（即龙大道），籍贯：贵州锦屏；通讯处：贵州三江茅坪。"

是不会来考上大这样一所经济状况"穷而又穷"、声望地位"微乎其微"的学校的。但是龙大道早已对这所革命人士汇集的红色学府心神往之，而社会学系①又以传授革命思想和社会学理论而著称，故他一得知上大的招生启事，便立刻前去报考。当时上大录取新生是比较严格的，尤其是社会科学系，入学时要考五门课：中文、政治、伦理、数学、英语，而前三门是主要的。龙大道是

① 1923 年 6 月 14 日，"为应社会之需求及事实之便利起见"，上大在《申报》第三版刊登的《上海大学招生》一文中，宣告要在"大学部社会学系""招一年级新生一班"。同日，在《申报》第十八版刊登《上海大学之革新》一文中，上大又进一步明确要在"第一期（自民国十二年秋起至十四年夏止）""添办社会科学院中之社会学系"。

瞿秋白在上海大学执教时编写的教材《社会科学讲义》

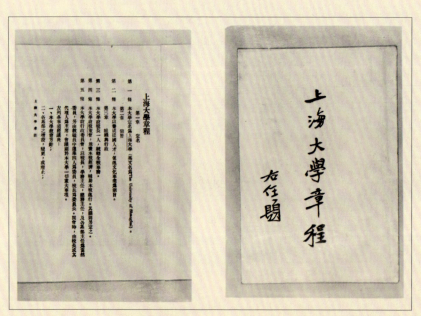

由邓中夏起草的《上海大学章程》

有信心的，他成功于 1923 年秋 ① 通过了上大大学部社会学系 ② 的考试，后成为时任上大教务长、社会学系主任瞿秋白的学生。

尤为重要的，瞿秋白正式到校担任教职后提出，"要用些精神，负些责任""希望上海大学能成南方的新文化运动中心"，后亦公开表明，"办学的目的是为了认识社会、改造社会""切实社会科学的研究及形成新文艺的系统"是"当有的'上海大学'之职任"。因此，上大在课程设置上是偏重于社会科学的，这是当时时代主题的反映，也满足了青年学子追求真理、寻求改造社会方法的迫切需要。在总务长邓中夏的支持下，瞿秋白立意要将上大办成在社会科学方面独树一帜的学校，并为上大社会学系精心设置了近 40 门课程，注重马克思主义基本原理的教育，同时着重劳动问题、农民问题、妇女问题的研究，力求开拓学生的知识视野、提升学生的基础知识技能。

如愿进入社会学系的龙大道开始比较系统地学习和研究马克

① 一说"1922 年冬，龙大道考入上海大学社会学系。"但经笔者考证，关于上海大学社会学系之建立，缘起于 1923 年 4 月时任校长于右任与李大钊在如何办好上海大学问题上，首次提及"除原有各科该系招生外（美术系暂不添新班）光开办社会学系"，而确见于 1923 年 6 月 14 日《申报》刊登文章宣告上海大学社会学系之添办与招生。

② 党对上大社会学系也尤为重视，这个系的负责人始终是党从事理论工作的领导人，瞿秋白、施存统、彭述之先后担任这个系的主任。

思主义。作为传播马克思主义的先锋讲坛和培育革命火种的重要阵地，上大社会学系在通识课程基础上，还实际开设了辩证唯物主义和历史唯物主义、私有财产及国家起源、通俗资本主义、科学社会主义等课程。这些课程旗帜鲜明地宣传马克思主义的基本理论，在当时的大学中是罕见的。特别是参与任教的老师们都具有丰富的思想理论学识和政治斗争经验，他们善用通俗易懂的语言讲述革命道理，更对社会主义、马克思主义唯物史观以及资本主义和工人阶级等问题持有独到见解。因此，龙大道非常珍惜每一堂课的学习机会。

在校期间，龙大道多次聆听瞿秋白亲自主讲的《社会学》《社会哲学》《社会科学概论》《现代民族问题》；也听过邓中夏讲述李卜克内西和卢森堡为共产主义理想而努力奋斗的革命故事；听过蔡和森用历史唯物主义的观点分析中国历史发展、施存统用马克思主义唯物史观阐述社会历史问题、任弼时在基础俄语课上介绍俄国十月革命后的新面貌；还有张太雷的《政治学史》、恽代英的《现代政治》、安休诚的《现代经济学》等课程；以及李大钊先后到校所作《社会主义释疑》《史学概论》《劳动问题的祸源》的主题演讲。可以说，龙大道在社会学系学习"马列主义哲学、政治经济学、社会发展史，一直到工人运动、青年运动、帝国主义侵略中国史等。都是以马列主义为中心进行系统的教育"。在这样密集充实的理论学习过程中，龙大道不仅对马克思主义的科学性和革命性有了更深刻的理解，也加快树立起了他对马克思主义的信仰。

而在课堂之外，上大十分注意提倡活泼民主的校风，这就为龙大道投身各项政治活动提供了很好的客观环境。诚如校长于右任所说："中国政治界之黑暗，亦可谓极矣。爱国之政治家，必须相互结合以自厚其势力，庶可以与此黑暗势力相搏斗。"在上大，学生可以参加党派组织，集会结社，开展各项活动。尤其邓中夏、瞿秋白等共产党人，他们非常注重引导学生走向社会参与

上海《民国日报》副刊《觉悟》，是上海共产党早期组织宣传马克思主义的阵地之一，由上海大学副校长邵力子主编

实践，鼓励学生加入革命政党，积极投身争取国家独立和民族自由的革命斗争。所以在当时的上大，既有国民党的区分部，也有共产党和社会主义青年团的基层组织，以及少数国家主义派。龙大道选择加入了上海大学团支部，在中国社会主义青年团上海地方执行委员会（以下简称"团上海执委"）的领导下，首先接受上海地方团的组织，同时以个人身份加入国民党。其间，龙大道先后担任上大支部干事、组长，并多次参加全市性的公开活动，在推动青年运动中表现突出。

　　丰富多彩的社团活动，也深深吸引和引导着龙大道，把他紧紧团结在学校党组织的周围。1923年9月，以社会学系学生为骨干，上大率先在校内成立了研究和探讨社会问题的团体，即"社会问题研究会"。后于1923年11月，经中共上海地委决定，由上大党小组负责直接领导和组织，并定其宗旨为"研究社会现象，讨论社会问题"。因此，社会学系的学生们平日除了上课，也要积极参加社团活动，包括聘请专家学者演讲、会员演讲和互相评论、开展社会现象调查、会员认真读书并写出读书报告、借《民国日报》副刊《觉悟》举办"社会科学特刊"等。龙大道和同学们一起，一面认真学习研究社会科学和先进革命理论，一面积极投身各种社团活动在实践中去锻炼。

　　1923年冬，在不断深入党团组织的理论宣传教育和斗争活

| 姓名 | 年岁 | 性别 | 生长地点 | 现任职业 | 所具技能 | 受何教育 | 加入时 | 曾为团体作何工作 | 现为团体作何工作 | 加入国民党否 |
|---|---|---|---|---|---|---|---|---|---|---|
| 沈泽民 | 24 | 男 | 浙江 | 失业 | 英国文学 | 工程学校 | 1921 | 宣传 | | 入 |
| 宁一平 | 25 | 男 | 安徽 | 编辑 | | 高等 | 1923 | | | 未 |
| 龙康庄 | 21 | 男 | 贵州 | 学生 | | 高等 | 1922 | 上大支部干事 | 上大支部组长 | 入 |
| 龚际飞 | 20 | 男 | 湖南 | 学生 | | 高等 | 1923 | | | 入 |
| 嵇直 | 23 | 男 | 江苏 | 学生教书 | | 高等 | 1922 | 慕朔补支票工 | 南大支部干事 | 入 |
| 顾修 | 21 | 男 | 江苏 | 学生 | 机械工 | 中等 | 1923 | | | 入 |
| 游星五 | 24 | 男 | 四川 | 作工 | 珐琅科 | 中等 | 1922 | | | 入 |
| 王绍槐 | 20 | 男 | 四川 | 作工 | | 中等 | 1923 | | | 未 |
| 黄仁 | 18 | 男 | 四川 | 学生 | 机械工 | 中等 | 1923 | | | 入 |
| 黄树勋 | 20 | 男 | 广西 | 学生 | 铁工 | 中等 | 1923 | | | 未 |
| 黄雪迪 | 23 | 男 | 浙江 | 店员 | | 中等 | 1923 | | | 未 |
| 胡宏让 | 20 | 男 | 安徽 | 学生 | 绘画 | 高等 | 1923 | | | 入 |
| 陈比难 | 20 | 女 | 湖北 | 学生 | | 高等 | 1923 | | 中央书记 | 入 |

在 1923 年 12 月团上海地方团员调查表中，有关于"龙康庄（即龙大道）"的信息

动实践中，龙大道的理论水平和阶级觉悟都得到了迅速提升。于是，他郑重地向上大党组织提出了加入中国共产党的申请。由于当时所面临的革命形势，为审查和防止投机分子和不够条件的人入党，"须有正式入党半年以上之党员二人之介绍，经小组会议之通过，地方委员会之审查，区委员会之批准，始得为本党候补党员"。因此，当团上海执委委员张其雄和上大社会学系教师施存统代表党组织找他谈话时，龙大道以诚实的态度，全面叙述了自己的家庭和社会关系情况，同时汇报了自己从小受到同盟会会员的革命思想教育和影响，目睹西南边陲人民饥寒交迫的悲惨生活，以及自己探求真理、以身许国的意愿和决心。他深刻的思想

认识以及其在上大团支部、社会学系工作、学习的积极态度和实际行动，获得了张其雄和施存统的一致认可。

1923年11月22日，由张其雄、施存统介绍，经瞿秋白、王荷波、沈雁冰、徐白民、徐梅坤等执行委员组成的中共上海地方兼区执行委员会审查，龙大道被批准成为中国共产党候补党员，并编入第一组（上大组）。这个组当时有14名党员，数量最多，瞿秋白、邓中夏、施存统等都在这一组，他们都是党中央和团中央的领导人。龙大道欣喜至极，兴奋无比。为了表明入党后的自己已经找到了共产主义的光明大道，龙大道慨然将自己的名字"康庄"改为"大道"。三个月后中共上海地方兼区执行委员会决定将龙大道等7名候补党员转为正式党员。

正是在上大的这段经历，龙大道打下了在上海工人中的工作基础。1924年前后，共产党人以上大为重要据点，深入到工人中去工作，先后在7个地区创办了工人夜校。邓中夏就经常带着学生到工人中去开展运动。他们以"要进行反帝反封建的国民革命，一定要把工人阶级发动和组织起来，而要把工人组织起来，首先要对工人进行文化提高和政治宣传"为契机，踊跃地走上了面向广大工人群众的实践讲台。而龙大道作为社会学系的学生，又兼具中国社会主义青年团团员和共产党员的双重身份，或出于教学实践活动，或出于组织任务安排，他都以相当大的精力直接投身到工人运动中去，多次前往上海各工人集中地区，了解工人的工作和生活状况，并在主动宣传革命、积极发动群众的斗争实践中，从事着比较深入的群众工作，也不断加深了自己对工人群众的认识和感情。

## 赴苏联，前往莫斯科东方大学深造

20世纪20年代初，由于深受俄国十月革命的影响，成立不久的中共中央在共产国际的帮助下，开始陆续批量派遣党团员骨干及领导干部赴苏联留学，掀起了一股学习、研究苏俄革命经验和马克思主义的热潮。随着革命思想的不断传播，为党留苏、为国留苏，到十月革命的发源地去探求真理，也逐渐成为越来越多中国进步青年的共同渴望。他们对这个世界上第一个社会主义国家充满好奇，从1921年开始，先后进入莫斯科东方劳动者共产主义大学（简称"东方大学"）等，积极学习俄国的革命经验和斗争策略，其中许多人后来成为中国革命实践的中坚力量和领导力量。

龙大道所在的上大，也与苏俄有着千丝万缕的联系。当时在上大社会学系的教师中，教务长瞿秋白就曾经作为北京《晨报》驻莫斯科特派记者受邀在东方大学担任翻译兼助教，亲身体验过世界共产主义运动中心莫斯科的政治、经济和社会生活。受他的熏陶与影响，龙大道也早已产生了对苏俄的向往。尤其这一时期，一方面欧美列强又在远东卷土重来，加紧了对中国的掠夺；另一方面在列强操纵下，军阀割据和军阀混战在国内社会生活中也愈加突出。现实的列强压迫和军阀剥削，使得龙大道不仅在课堂讲学中加深了对在马克思主义思想指导下的苏联在建设独立自主、反抗压迫的社会主义国家的认识和理解；更在斗争实践中，渴望进一步学习和掌握社会主义革命的理论纲领和实践策略。

1924 年 1 月，中国国民党第一次全国代表大会在广州举行，正式形成了中国革命史上的第一次国共合作，也很快开创了一个反对帝国主义和封建军阀的革命新局面。为了适应革命形势的迅速发展，迎接即将到来的革命高潮，更好地给中国共产党培养革命干部、输送进步青年，中共中央在共产国际的帮助下，决定选调一批党的优秀干部前往苏联的东方大学学习深造。2 月初，上海党组织将这一决定通知龙大道，要他尽快做好赴苏留学的准备。龙大道欣喜不已，但由于党的经费比较困难，共产国际的援助也十分有限，组织上要求每位赴苏的同志自筹一部分经费。

因此，不久后，龙大道返回家乡，准备筹措经费。这是离家数年在外求学的龙大道难得一次回到茅坪。回到家后的龙大道，同父亲龙治藩等家人交谈了许久，他坦诚地吐露了自己坚定的共产主义理想信念，也倾诉了对世事不平的愤然之情，希望这次的赴苏留学之行和今后的奋斗事业都能够得到家人的理解与支持。事实上在此之前，龙大道的家人并不知道他在外面是搞革命的，只知道他是在外四处求学。尽管心里十分担心儿子的安危，但开明的父亲依然表示非常支持龙大道的革命事业，将家里特别好的一块山地卖掉，给龙大道筹出了留学经费。

1924 年 9 月 1 日，龙大道接受党组织派遣，在赴苏总领队刘伯坚的安排下启程赴东方大学学习深造。当时刘伯坚是受中共中央委托专程由莫斯科回国来做招生领队的，他非常熟悉前往苏联的路程，即由上海登上海轮，取道海参崴，然后再沿西伯利亚大铁路，乘火车抵达莫斯科。但是在国际国内各方利益极端复杂的背景之下，这段路途依然万分危险。因此，在从上海出发时，为了避开反动军阀张作霖的武装军警耳目，龙大道一行按照刘伯坚的指示，分批次化装乘坐苏联货轮前往海参崴，他们有的装作去俄打苦工的华工，有的则扮成做买卖的生意人。

直至 9 月 6 日下午，龙大道一行终于坐船抵达海参崴，稍事休整，拟待继续前进。沿途情状，龙大道在 9 月 7 日写给父亲的信中记述如下：

父亲:

　　九月一号离上海足足行了六天——各海岸不停——昨日下午一时平安抵海参崴,现住朋友家。

　　在此决不久留,只待有火车开,即行。

　　在船上五六天还好,没有遇着多大风浪,只在黄海比日本海里稍有些风,却不大;但我们所坐的船很大,——长十八九丈,宽三丈余——虽是浪也有四五丈长的□□,船破着行,不见什么摇动!

　　海参崴地势天然的险要,风景也不错,山水络列凸四中令人神怡!此地全是洋式房,建筑之屋不密,余地均有小树,整整齐齐,于卫生很好!然灰尘太多,风来云雾似的。

　　以后到什么地方当继续报告。肃此顺请

　　福安!

　　祖母以下均此请安!

　　　　　　　　　　　　　儿康庄自俄境海参崴上

　　　　　　　　　　　　　一九二四,九,七号


据莫斯科普希金街 15 号"俄罗斯近代史文献管理及研究中心"馆藏《1924 年赴俄中国学生名单》记载,这一批与龙大道共

龙大道抵达海参崴时，写给父亲的家信

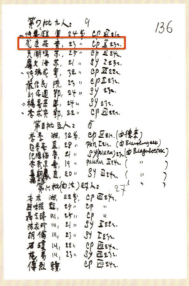

《东方大学中国学生进出记录 1924》显示
龙大道 1924 年 10 月 4 日进入东方大学

东方大学留学名单显示龙大道为第
四批中国学员

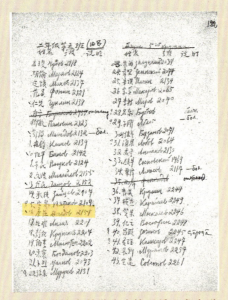

东方大学社会科学分班情况显示龙大道
在二年级第五班

赴东方大学同期留学的中国学生共 40 人，包括林育英（张浩）、周达文、李求实等。在刘伯坚曾给中国社会主义青年团中央的报告中也有详细记录，包括龙大道在内的这 40 名留苏学生，是由团中央选派后经中共中央批准成行的。

率先到达的龙大道一行，随领队刘伯坚在海参崴候齐此行同期的其他中国学员后，才开始分批搭乘前往莫斯科的火车。当时因为燃煤和石油匮乏，苏联的火车开得很慢，加之饮食又有限，车内也没有甚多取暖的设备，漫长的路途让学员们的身体都有些疲惫不堪。但随着火车的不断前进，大家的心情却是愈加兴奋和雀跃。1924 年 10 月 4 日，龙大道和李求实等一行共 9 人为第四批安全到达莫斯科的学员，被组织安排到东方大学，随后被编入中国班，还给每个学员都取了俄文名字。龙大道被分在社会科学二年级第五班，编号 2151，俄文名字叫"达加多夫"（Догадол）①。

东方大学是 1921 年 2 月俄共（布）中央委员会根据国际革命形势所创办的一所"专为东方殖民地国家、地区和劳动者共产党以及苏俄境内东部地区少数民族培训政工干部"的高等院校，

---

① 笔者认为，Догадол 应是"龙大道"的俄文音译。与此同时，由于 До 在俄语里是"在……时间之前"的意思；гадол 在读音方面又很像俄语里的"готов"，是"准备好"的意思，Догадол 也可以理解为"在准备好之前"。

莫斯科东方大学建筑旧照

由斯大林担任名誉校长。学校坐落于莫斯科市区的特维尔斯卡娅大街（今高尔基大街）53号，其内分为国际部（A字部）和国内部（B字部），国际部专门培训东方各国学员，下设中国班、日本班、朝鲜班、波斯班、越南班、印度班等；国内部则负责招收苏俄国内东部地区各少数民族学生，设有哈萨克班、乌兹别克班和格鲁吉亚班等。1924年，东方大学已成为苏联最大的政治大学之一，共有来自73个国家和民族的1015名学生。而作为专门为东方各国共产党培训政治干部的学校，东方大学不仅不收学费，而且包食宿，同时还提供各种各样从事政治活动的机会。

龙大道所在的中国班的学员学习和生活是严格、紧张而艰苦的。每天清晨，龙大道都要和同学们一起集合整队到学校对面的普希金公园出早操半小时，然后再排队到大餐厅门口凭票领取一份早餐。日常还要参与打扫卫生，轮流到厨房值日，分发汤菜。龙大道和中国班其他学员一样，白天上课，晚上学习，轮流站岗，星期日做工，生活很充实，学习更是刻苦努力。

因培训政治干部的办学宗旨，当时东方大学的课程设置是偏重于政治理论教育的，尤其是苏联革命与建设的理论和实践，开设的课程包括联共（布）党史、国际共运史、俄语和一门西方语言、相关国家的革命运动史（如中国班学习中国革命运动史）、

懂外语同志的名单中显示龙大道的英语水平为"丙"等次（原件藏于俄罗斯）

东方革命运动史、西方革命运动史、社会发展史、哲学、政治经济学、经济地理、列宁主义理论等，其中联共（布）党史和列宁主义理论（采用斯大林所著《论列宁主义基础》为教材）是最为重要的课程，此外还有中国问题、经济地理等课程。后来为了适应中国革命斗争形势的需要，中国班内还增设了军事训练课。这些课程都是采用小班制上课的形式，授课教师更是集中了当时苏联国内一批经验丰富的革命理论家和实践家，有共产国际的相关领导人，也有学识渊博的专家学者。

面对这样丰富的课程资源和雄厚的师资力量，龙大道抓紧难得的机会，如饥似渴地学习。但想要更好地听懂专业课，这对于初到东方大学，英语水平在同期学员中仅为"丙"等次的龙大道来说，还得努力学习好英语和俄语。为此，龙大道把一切时间都利用起来。他特别重视对马克思主义和俄国革命经验的学习，还对各种社会主义派别、工农运动史、无产阶级青年、妇女、军事问题以及各国革命现状等做了认真的研读分析，经常寻找机会向经验丰富的苏联革命专家学者学习和探讨关于无产阶级革命的内容。有时，龙大道也会在学校安排下前往参观苏联的革命历史遗址。

除了认真学习东方大学所安排的课程外，龙大道还有一项重要的工作，就是"随时参加中共党支部的组织生活和各项活动"，接受党、团组织的思想训练。当时，东方大学中国班学员是由中共旅莫支部统一领导的。根据《1924年赴俄中国学生名单》显示，1924年9月和龙大道同批进入东方大学留学的40名中国学生，全部都是中国社会主义青年团的团员，其中22人又兼具中共党员的身份。为了在这些党团员中训练出具有较高理论水平和活动能力的革命者，中共旅莫支部会在课程之外，依照《旅莫中国共产党支部和中国社会主义青年团支部关于训练工作的方式》，通过组织会议、谈话交流和监督批评等活动，提高中国班学员"思想和研究方面的系统化""行动纪律化""个性方面集体化"等能力。

在日常开展的各项活动中，中共旅莫支部尤以学员的"谈话"训练为重。为了便于管理，支部会将中国班的学员分为多个小组，一般每组5人左右，设有小组长一名，并要求每位党、团员至少与组外"两个同志以上发生密切关系"，这就在一定程度上推动着龙大道建立起坚强的革命交际网络。据朱克靖、嵇直等中国学员在1925年间所撰写的《每周报告表》记载，龙大道曾于1月4日、2月7日、3月14日先后4次同组外多名同志进行谈话。比如，1月4日，龙大道与杨介人（又名杨介臣）、张宝泉等同志共谈"将来我们的生活问题"；3月14日，龙大道与朱克靖就"我（指朱克靖）的历史"作了半个小时的单独详谈。虽然由于各小组

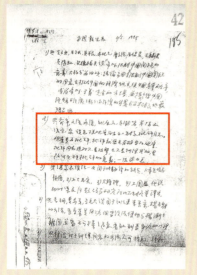

朱克靖 1925 年 1 月 4 日每周报告表记录"康庄"（即龙大道）的谈话内容

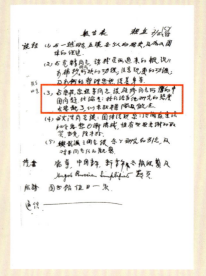

嵇直 1925 年 2 月 7 日报告表记录和"康庄"（龙大道）的谈话

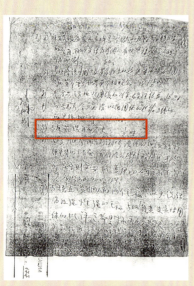

朱克靖 1925 年 3 月 14 日报告表记录"与康庄（即龙大道）谈我的历史"

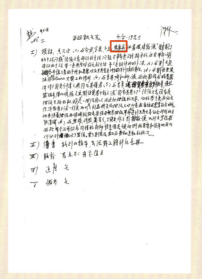

某学员 1925 年 1 月 4 日每周报告表记录和"龙康庄"（即龙大道）的谈话

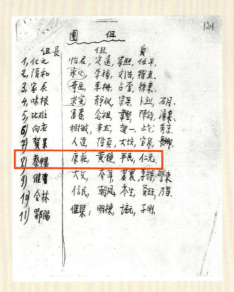
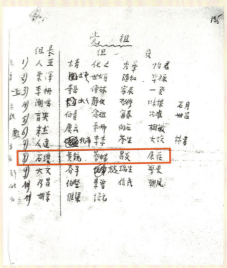

东方大学各小组分配表中关于"康庄（即龙大道）"的记录

及人员变动比较频繁，龙大道就曾属团组第八组、党组第八组和小组第十组，但以这样的小组内外谈话为起点，龙大道的革命认识及表达能力、宣传动员能力在发生着明显而积极的变化。

中共中央十分关心东方大学中国班的党团员们。李大钊在1924年逗留莫斯科时，有一段时间就住在东方大学，他多次出席中共旅莫支部的活动并参与指导日常工作。当时，为了更好地对中国学生进行实际问题教育，尤其是进行中国问题教育，在旅莫党团支部的努力下，东方大学添设了中国问题课，主讲教师便是李大钊。因此，虽然远在苏联学习，龙大道也可以参与对国内形势的学习和讨论，尽量熟悉和了解国内革命实际。

在东方大学学习期间，龙大道不仅系统地阅读和学习了马克思列宁主义著作，他观察和思考的政治视野也大大扩展了。特别是在学校以及中共旅莫支部的活动中，龙大道有了更多的机会和时间思考国内革命形势和世界变化。

正当龙大道在东方大学刻苦钻研马克思主义的时候，全国范围内的大革命高潮开始了。1925年5月30日，震惊中外的五卅运动在上海爆发。从通商都市到偏僻乡镇，多少年来深埋在中国人心里的对帝国主义的怒火一下子喷发出来。工人罢工，学生罢课，商人罢市。在中国共产党的领导下，这场反对帝国主义的民族运动浪潮，以不可遏制的浩大声势迅速席卷全国。

同年6月，为声援中国人民的五卅运动，莫斯科举行了50万人的声势浩大的示威游行，并发起了为中国工人的募捐活动。许多在苏留学的中国学生也纷纷行动起来，走上街头进行现场演讲，还有世界各地近百个国家和地区的华侨也自发组织集会并发起募捐。

　　面对蓬勃发展的革命形势，龙大道等留学在外的很多同志回国工作的愿望都很强烈。党组织也迫切需要一批掌握革命理论、经历斗争实践的干部领导革命运动，充实国共合作的领导力量。

1925年6月，莫斯科50万人举行声势浩大的游行示威，声援中国五卅运动

北京各界 20 万人在天安门前召开声势浩大的群众大会，声援五卅运动

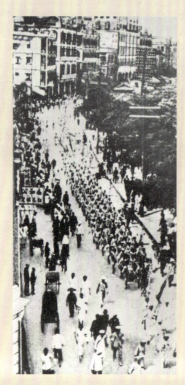

1925 年 6 月 23 日，回到广州
的香港罢工工人和广州各界群
众 10 万余人举行大游行

英轮上的中国海员为抗议英国制造的五卅惨案，纷纷中途弃职，在日本神户登岸，准备回国

日本神户华侨集会声援五卅运动

瑞士工人印发了声援五卅运动的小册子

1925年6月间，英国著名人士萧伯纳等和各国部分工会组织发表宣言或来电，反对帝国主义者在上海制造五卅惨案

不久后，中共旅莫支部就收到了中共中央关于抽调一批干部回国的通知，龙大道也是这一批要调回的对象。虽然不舍中断在东方大学的学习，但龙大道深知自己来此，"是学习革命的，并不是留洋留学求博士的。我们的责任这样的重大""应时时预备回国的决心"。因此，龙大道欣然服从组织的决定，在告别了东方大学的老师和同学后，便随同行的中国班学员启程回国。从此，龙大道的命运就和中国工人阶级的命运紧密联系在一起了。

| 三 |

沪上工运　秉毅守志

龙大道的革命实践活动一开始，就是投身到工人运动中去。1925年至1927年间，从经济罢工到武装斗争，从地区工会负责人到上海总工会主要领导人，龙大道在上海工人三次武装起义的斗争实践中，也正不断加快自身从青年学生到革命者的转向。

## 投身沪西工运赤色浪潮

　　龙大道回国之时，正值五卅惨案发生不久，大革命形势逐渐高涨的时刻。1925年7月，龙大道等留苏学员安全抵达上海，向中共中央报到。在五卅运动蓬勃发展的有利形势下，为进一步推动上海各区域工人运动从分散状态转向集中的有组织的活动，党组织安排龙大道到上海总工会第五（曹家渡）办事处从事工人运动。由此，龙大道开始了他组织工人运动的革命生涯。

　　那时，上海总工会也是刚成立不久。此前因上海工人运动的迅猛发展，1925年5月初，中华全国总工会成立，在上海设立了办事处。同时，根据第二次全国劳动大会关于"上海问题决议案"精神，上海各工会积极"联络其余各真正工会共同组织全上海工会之总联合机关"，筹组上海总工会。后至五卅惨案发生，中共中央于5月31日晚紧急召集上海各工会代表举行联席会议，决定成立上海总工会，选举李立三为委员长，刘华为副委员长，刘少奇为总务科长（相当于秘书长）。"于是光芒万丈的明星——

五卅惨案发生后，党组织连夜开会决定成立上海总工会，领导全市工人的罢工斗争。图为上海总工会旧址

上海总工会便于当晚出现了。"6月1日，上海总工会于闸北宝山路宝山里2号公开挂牌，后在中国共产党的领导下，迅速成为上海工人阶级的核心领导机关。

作为上海"20万罢工工人之总枢"，上海总工会"对外以反抗帝国主义，对内以拥护国权为宗旨"，这与龙大道救国救民的志向是不谋而合的。1925年6月18日，为了加强对各工会及工人群众的领导，上海总工会对外宣告设立第一（高朗桥）、第二（引翔港）、第三（浦东）、第四（小沙渡）、第五（曹家渡）办事处，并指派各办事处主任。龙大道回国后任职的第五（曹家渡）办事处，起初是由张佐臣出任主任一职，共事同志有李强和诸有伦。上海总工会除对极少数基层工会直接领导外，多数基层工会均归各区办事处领导。即办事处所属各工会直接归各办事处联系。工会对内对外一切事宜则由各工会向所在地办事处选派三人帮助办理。

曹家渡地处沪西地区，是近代上海产业工人最为集中的地区之一，也是中国共产党在上海宣传工人、发动工人、团结工人和组织工人的重点地区。组织将龙大道安排在此处从事工人运动，是对龙大道工作能力的信任和认可。1925 年 8 月至 12 月间，龙大道任上海总工会曹家渡（第五）办事处主任。按照《上海总

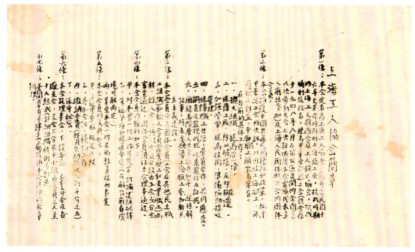

上海工人协会的前身是 1925 年至 1927 年大革命时期的上海总工会。图为《上海工人协会简章》

工会简章》规定的工作职责："工人组织之发展"，"统一工会运动"，"整理各工会之组织系统"，"指挥各工会之行动"，"仲裁各工会（内）之争端"，"指示上海工人共同奋斗之目的"，"代表上海工人与全国工人密切之结合"，"提高工人之智识，联络相互之感情"，"促进各工会彼此间有效之互助"，"保障工人利益，设法解决救济及职业介绍等事项"，龙大道经常深入基层到工人群众中做宣传、搞工作。尽管龙大道在上海工人中有过工作基础，但办事处对内对外各项事务更可谓之繁杂，对他是极大的挑战。

在龙大道所任曹家渡（第五）办事处及其他各办事处不断扩大工会队伍的同时，上海党组织也加紧了在工人中发展党员工作。1925 年 8 月间，中共上海区执行委员会（简称"上海区委"，又称"江浙区委"）按照支部集散情况和人数多寡，在杨树浦区、引翔港区、小沙渡区、曹家渡区和浦东区组建了五个支部联合干

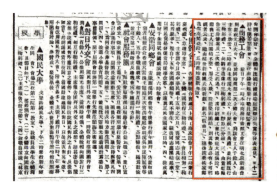

《民国日报》1926 年 1 月 3 日报道龙大道作为印刷总工会代表参加商务印书馆元旦庆祝大会并作演说

事会。同年 10 月前后，出于"指导上方便"和"更容易扩大党的组织"的考虑，上海区委又将五个支部联合干事会改组为部委（即部委员会）。当时就部委的性质和职责来看，与地委（即地方执行委员会）同级，负责具体领导和监管辖区内的支部工作。此外，中共中央还明确部委（或地委）应是支部的"监护者"，对支部的所有工作和发展状况应"严密地监视"。由此，部委成为介于区委和支部之间的机构，向上隶属于上海区委，向下直接领导各支部，负责"管理全区域的所有工作"。这是龙大道几番调任开展工作的组织背景。

中共曹家渡支部联合干事会改建为曹家渡部委后，作为沪西地区中共区级领导机构之一，在前期的工作过程中也出现过"书记竹山君初很努力，后为月林所愚，略有荒废工作"及"职工运动委员会虽亦能开会，但无肯负责、有经验的人，故亦无成绩"等问题。后经 1926 年 5 月 4 日上海区委主席团会议通过，决定调龙大道任中共曹家渡部委书记。6 月 4 日，上海区委主席团会议又对各部委负责人员进行调整，其中，"曹家渡部委，以龙大道为书记兼工人（部）"，即由龙大道出任部委书记兼职工运动委员会负责人。这也直接反映了上海区委对龙大道在曹家渡从事工运期间所展现出的积极态度和突出能力的肯定。

从"上海党团组织的历史文件"现存的一份档案中，可以看到有这样的记载：1926年4月，中共上海区委组织系统、组织关系表及负责人、活动分子名单中，"上海地方活动分子名单"列有"上总（即上海总工会）：龙康庄（即龙大道）"。此外，据孙诗圃（时为商务印书馆工人）回忆，龙大道还曾和罗亦农、赵世炎、汪寿华一起领导了五卅运动一周年纪念游行示威活动，其声势浩大，有近6万人参加。当时游行的秘密指挥所就在天津路小旅馆里，跑过一条马路，在南京东路福建路口同羽春茶馆楼上的则是公开的指挥所，即上海总工会指挥部。龙大道等同志都是到前线进行指挥。

上海市民纪念五卅周年大会

　　　　　　　　　　　　　　　　　龙大道画传

1926年6月，龙大道甫任曹家渡部委书记时，刚刚经过轰轰烈烈的五卅周年纪念大游行活动，工人们的罢工情绪比较高涨。但是随后连日的物价上涨，尤其是米价的暴涨，加之一些工厂的资本家又罚扣工人工资，工人们的生活都发生了不同程度上的困难，正在酝酿着要求增加工资的斗争。于是，因着"工人阶级最近之目的在求经济之改善与相当之自由"，从6月开始上海发生了持续近四个月的以经济为主要内容的工人罢工潮。据记载，仅1926年6月一个月的时间，上海全市就有90家企业发生了107次罢工，参加者近7万人。对外示威的罢工变成了切实要求经济政治地位改善的罢工，上海区委乃至各部委对此都极为关注，"根据于现在的实际劳动状况与工会运动之需要"，也主要转向并

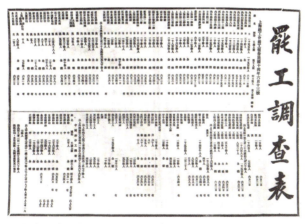

上海总工会印发的《罢工调查表》

龙大道用过的砚台

进行了许多经济斗争。

当时，曹家渡部委所辖辽阔，内还分有 4 个小区，即小沙渡（劳勃生路西部）、曹家渡（包括苏州河两岸）、周家桥和静安寺。为了"要真正能领导其所辖全区域各种群众共同为革命而努力，为全区域革命群众的枢纽"，面对"此间工人群众，差不多可以说毫无基础"的工作实际，龙大道花了很大精力，也下了很多功夫，加紧恢复辖区内的组织秩序和工作事项。按照上海区委的要求，龙大道出任部委书记后，主要开展了两方面的工作，"一是对区委负责，为其提供各种材料；二是领导并训练辖区内的支部，使其切实起作用，并出版各种小报和临时刊物"。而在这之中，有一项很重要的工作，就是加强对工人的罢工斗争领导。

有一次，龙大道得知在曹家渡部委所辖区域内的中华书局发行所职工也在准备举行经济罢工，为了加强对罢工斗争的领导，上海区委即决定由龙大道等同志组成一个领导小组，具体负责对中华书局职工罢工的相关部署工作。某天，龙大道准备前去动员中华书局发行所的职工参加罢工，同志们知道那一带警探成群，作恶猖獗，都劝他不必亲自去。但是龙大道仍坚持要亲自到工人中间去，他略作化装，换上工人服，便出门而去。

正当龙大道对工友进行罢工宣传时，一伙警探闻讯赶来，龙大道因躲避不及而被逮捕。上海区委得到情报后积极主持营救。尽管被敌人关在看守所里折腾了整整一夜，龙大道却始终坚持说他是去中华书局买书的，只是在路上与发行所的工人发生了争执。警探们不明就里，但也没有得到什么证据。第二天，龙大道被押解到会审公廨，以煽动罢工罪起诉，他在公廨上矢口否认。由于上海区委事先想好了营救方案，龙大道在会审过程中经著名律师出庭辩护，最后被罚款50元，得以交保释放。但从此以后，龙大道的名字就上了军警的黑名册。这是龙大道革命事业中第一次被捕入狱，面对严刑逼供，他用自己的实际行动实现了对党的诺言和对真理的执着。

"欲根本谋自由与解放，非组织工会不可，欲集中力量，要非联合各工会组成总工会不可。"斗争不仅加快了龙大道的成长，也教育和锻炼了工人群众。通过罢工斗争的实践，上海工人阶级的组织性、纪律性和政治觉悟都有了显著提高，工会组织也有很大发展，许多工厂和工会还相继建立了工人纠察队或自卫团。

## 紧张的自治运动与武装暴动

1926 年 7 月 9 日，中国共产党和中国国民党合作，领导国民革命军在广州誓师，正式出师北伐。龙大道虽然远离革命风暴的中心地区，但在北伐开始后，他按照中共中央和上海区委的领导与指示，一直密切注视着战事的发展。

就当北伐军在两湖地区所向披靡、节节胜利之时，龙大道虽身在上海，但也一直深深记挂着远在西南边陲的家乡贵州。他在报纸的间或报道和父亲寄来的家书中知道家乡的人民深处政局混乱、军阀混战、盗匪蜂起、民不聊生的困境之中。1926 年 7 月 20 日，怀着对国民革命的期待和对家乡的牵挂，龙大道在上海给远在贵州的父亲写去了一份家书，他向父亲叙述了自己对革命形势的思考，也汇报了自己近来的工作情况。

父亲：

五月十三号来谕今日（六月初十日）收到了。

贵州天灾，此间报纸容或有所登载，但不过只几句抽象的形容字罢了，事实究竟如何尚未得闻，阅来谕所述其惨已不可言状，加之兵匪纵横更开从未有之奇祸，殊为乡梓所念念也！

目下以全国而论何处不是刀火连天，留下老百姓坐吃苦头，家破人亡——徒为少数军阀争地盘之牺牲品，（遍地皆是！）而全国军队中真正为国为民者严格说来可说没有！不过较以国以民（以民意）为主者仅广东之国民革命军（与北方之国民军）也，其余长江北方各大军阀不为卖国贼便为帝国主义之走狗，中国如是，贵州更不堪言。日来，广东北伐军已占长沙，如能直趋武汉，则中国内乱或可以稍告段落，国民革命（打倒卖国军阀）始可有促成之希望。贵州问题也才可以得一个相当的解决。不然贵州军队仍属于北方军阀吴佩孚利用之下，不说天灾，人祸将更一而再再而三连续而至，老百姓只有一天天蹈于水深火热境（地——引者注），其糜烂更不堪言。

儿累拟赴广东工作（无论军事政治）而上海乏人代理儿之职务，因是广东政府严电责儿不许离沪，只得又留此间仍负上海总工会工人运动之组织与宣传工作。若北伐军能直趋武汉则儿或可有调武汉与长沙间工作之可能，此不过系想象中事也。北伐军是否是有势如破竹之顺遂尚难预卜，放儿之他调与否尚须以时局为转移。

安镇上月又晤面，他现在上海大学中国文学系充特别生，下半年或可升为正式生。近颇肯攻书，出外来后，尚还老诚，唯外交才尚干薄新，尚欠处世经验！

眼镜待儿到眼镜公司去探问，应须何种后再进其制就，

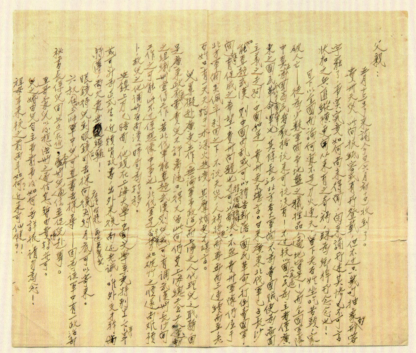

龙大道 1926 年 7 月致父亲的信

大约月底可以寄来。

六叔如在三师军中儿可直书去探寻——因为该军中有一政治部秘书长系儿同学（在俄），常与儿通信并促儿赴粤。

至哥处儿以后想法与之通信息，暂由贵阳转亦可。

儿之婚由儿自主事前事后如何，当详报，请勿为念！

祖母年来较之前两年如何？近来可仙健？！

在信中，龙大道虽因北伐军的出师告捷而对国民革命感到欢欣鼓舞，却也为家乡人民尚处在军阀统治下而忧虑。他只期望国民革命军能够尽快打倒军阀，"则中国内乱或可以稍告段落"，而"贵州问题也才可以得一个相当的解决"。因此，为了国民革命的共同胜利，龙大道更加全身心地投入到了其后中共中央在上海配合北伐战争持续进军开展的各项自治运动和武装暴动工作之中。

1926年8月至9月，随着北伐战争持续击溃吴佩孚主力的胜利进展，全国范围内工农群众运动立刻以空前的规模迅速高涨起来，五卅运动后暂时处于低潮的上海工人运动也随之重新高涨起来。但当时盘踞在上海的直系军阀孙传芳部，却在北伐军两湖战场取得重大胜利后，改变原有"保境安民"的中立态度，于8月底派重兵从江西向两湖地区侧翼进攻，企图切断北伐军的后路。

为了保卫北伐战争的成果，以实际行动迎接北伐军进军上海，中共中央准备打倒孙传芳，建立由民众选举、代表广大市民利益的、共产党员在其中起核心作用的上海市民自治政府。时任中央宣传部部长兼《向导》周报主编的彭述之在《孙传芳解散上海保卫团与上海资产阶级》一文中指出"孙传芳是封建阶级的余孽，是英国帝国主义侵略中国的工具，是真正资本主义产业发展之障碍"，号召"上海的资产阶级、小资产阶级、工人和一般市民应该望着这个目标奋斗——解除孙传芳的武装，建立上海的市民自治政府"。从这个时候开始，上海的自治运动就以打倒孙传芳、建立自治政府为目标。

由于孙传芳"确主张制止南赤、北赤，其态度纯在反抗北伐军"，为了贯彻中共中央的决定，1926年9月3日，上海区委召开区委主席团会议，首次讨论武装起义和市民自治的问题，即采取"要使长江下游成为纷乱局面，各军阀分头独立，帝国主义者无法为一致的对付"的策略，"全沪工作应赶快提出人民自治的口号，庶合需要"，将政治斗争与革命斗争相互结合，开展自治运动和武装暴动。同时，按照"上海地方非有一次民众暴动不可"的战略判断，为了进一步集中力量搞暴动，上海区委主席团决定结束上海正在开展的大罢工，把沪上全部工作的重心进一步转移到武装暴动方面来。

为充实组织发动上海工人武装起义的领导力量，上海区委对

工人纠察队所用木棍
（浦东颐中烟厂）

上海总工会各部门负责人进行了加强和调整。鉴于龙大道出色的组织能力，他由中共曹家渡部委书记调任至上海总工会组织部干事，具体负责工人纠察队的秘密组织和训练工作。工人纠察队是上海各工会为了维持罢工秩序、制止敌人破坏，从组织中选拔出的一批优秀党团员所组建起来的。此前，由于枪支弹药紧缺，成员又缺乏训练，队伍的战斗力实际上非常有限。因此龙大道就任后，第一时间便着手于武装工人纠察队工作。他和工人纠察队的队员们聚势谋远、同心协力，先是秘密购买了一些枪支，后又成功指挥偷袭了浦东烂泥渡警察所抢夺到一些弹药和枪支。工人纠察队很快便初步武装起来。

　　同年10月，在上海区委领导下，上海总工会加紧武装起义的准备工作。在广泛宣传、鼓动上海人民起来参加武装起义的同时，龙大道也在抓紧时机，对工人纠察队进行军事训练和政治教育。就在这时，孙传芳阵营内部发生了分化。因10月16日浙江省长夏超宣布独立，接受国民革命军第十八军军长之职并进兵上

1926 年 10 月 10 日,中共上海区委主席团举行会议,为第一次武装起义做准备。这是当时的会议记录

上海总工会制作并散发的《倒孙拒张歌》传单

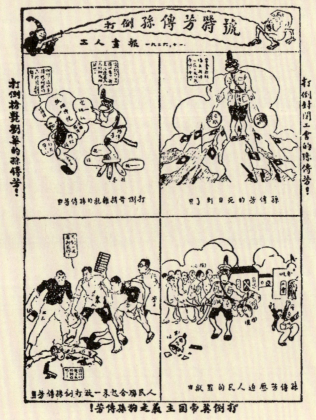

第一次武装起义前后上海总工会印行的《工人画报》

海，孙传芳在上海的力量有所空虚，正是发动起义的最好时机。10月17日上午，上海区委主席团临时会议提出"组织上海市民自治政府——废除一切苛捐杂税，保障上海市民言论集会结社自由"的口号，决定推动资产阶级反对奉系军阀。当天中午，上海区委主席团再次召开临时会议，暴动被提上议事日程。

10月18日，上海区委召开特别活动分子会议，明确暴动动员及行动大纲的部署，即决定"起来做武装行动，工人要参加"，"同时今明天要实行大罢工"，准备召开很大的市民大会。10月19日，上海区委讨论了武装起义的具体计划，对起义的领导成员

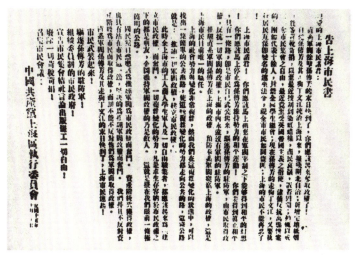

1926年10月20日，中共上海区委发表《告上海市民书》，号召市民武装起来，推翻军阀孙传芳的统治，建立市民政府

作了调整，并明确第一行动（制造局）、第二行动（闸北）、第三行动（南市）、第四行动（浦东）等行动计划。其中，龙大道负责的是闸北地区的行动指挥。10月20日，上海区委发表《告上海市民书》，号召上海工、商、学、兵为建立市政府而奋斗。

当时，酝酿参加起义的主要力量有三个方面：第一，中国共产党和上海总工会领导的工人纠察队，约2000人。他们经过龙大道等同志的训练教育，有了比较好的组织和群众基础，是武装起义的主要力量。第二，由上海大资产阶级的代表、上海总商会前会长虞洽卿掌握的商团军。第三，中国国民党驻沪特派员钮永建在上海组织的一支武装力量。在这种情况下，中国共产党决定与钮永建合作发动起义，双方约定10月24日拂晓前开始行动，以炮声为号。

10月23日傍晚，上海区委下达动员令。按照原定部署，各区工人纠察队和工人群众先后进入岗位待命，准备参加武装起义。而在当天晚上的闸北地区，龙大道正率领着杨树浦发电厂80多名工人纠察队队员和40多名上大学生在闸北等待起义的号炮一响，即夺下闸北警察所。24日凌晨，原定起义信号黄浦江上军舰的炮声迟迟未响。龙大道当即感到起义可能有变，他快速沉着地分析形势后，决定率众在闸北继续保持隐匿等待状态，没有下令单独起义。至24日早晨，龙大道接到起义指挥部"解散队伍，

《申报》《民国日报》关于上海第一次武装起义的报道

停止起义，各回原单位"的命令，就地解散了埋伏在闸北的工人群众队伍。尽管此前在 4 时左右队伍在埋伏地点被十几名警察所发现，但好在龙大道等灵活应对，并无人员伤亡。但浦东区因消息泄露，起义尚未发动时，领导人陶静轩等 6 人被捕，其他地区如斜桥、唐家湾、南阳大学附近的起义者则已向敌人发起进攻，但很快被军警驱散。

上海工人第一次武装起义因准备不够充分而失败，但革命的形势仍在继续向前发展。从 10 月 24 日起义失败当天下午到 10 月 26 日上午，上海区委和上海总工会连续召开会议，龙大道等各行动计划负责人先后到会汇报起义情况。在深刻总结经验与教训的基础上，上海区委和龙大道等一众革命领导干部，认识到了资产阶级的软弱、动摇，是"终究不能做革命主力的"，也认识到了国民党"他们终是买空卖空的"，今后不能只在"后面跟着"资产阶级，而应当以工人阶级为"主体"去推动资产阶级。由此，上海区委决定继续准备武装起义，即以工人阶级为主体，加强工人纠察队的力量，动员广大工人群众参加准备得更充分更有计划的第二次武装起义。

就在上海的自治运动遭受挫折的时候，北伐战场又传来了胜利的新消息。1926年11月，孙传芳在江西败局已定，退守浙江，并要求奉鲁军南下支援，这引起了上海各界人士的极大不满，上海地方自治的呼声再度高涨。上海商总联合会、上海总工会、国民党市党部相继发表宣言，提出"拒绝鲁军之南下，化上海为特别市，永不驻兵，组织市民自治政府，以市政归市民管理"。反对奉鲁军南下，实行市民自治，一时成为上海各界人士的共识，并迅速波及苏、浙、皖三省。11月14日，苏浙皖三省联合会在上海成立，也开始策划三省自治运动。而对于龙大道来说，当时的主要任务，就是在组织的领导下，团结一切可能团结的力量来进行反对军阀的斗争。

由于"自治运动"和"自治政府"适应了上海及苏浙皖地区民众的愿望，所以当上海区委决定把工作重心从武装起义转入

1926 年 11 月 5 日《上海总工会五日刊》第 126 期预言"上海会有第二次的暴动"

"自治运动"之后，各阶层市民很快接受了"成立自治政府"的口号。为了及时推动和引导上海自治运动，上海区委经常派出党团员或上海总工会的同志参加各种自治团体和集会。1926 年 12 月 4 日，龙大道受上海区委委托，和汪寿华一同作为上海总工会代表，出席了三省自治联合会在上海召集的各团体代表联席会议。会上除讨论三省自治问题外，龙大道等参会代表还酝酿了召开"辟上海为特别市之市民大会"等事宜。上海自治运动的声势一度越来越大，反帝反军阀的倾向也越来越明显。

在此期间，上海各厂各业工人的罢工也十分活跃。龙大道一直奔走在工人群众之中，除了加强原有各工会组织外，他还陆续帮助建立了一些新的职工团体。1926 年 12 月 10 日，龙大道就曾

《时事新报》1926年12月5日报道龙大道作为上海总工会代表出席参加12月4日皖苏浙三省联合会

以上海总工会代表的身份，出席指导上海手工业总工会成立大会并作讲话。当时的一些上海工人，也"都还记得当年上海总工会有一个和蔼可亲的领导干部（即指龙大道），中等身材，近视眼，老穿着一套褪色的学生装，成天在工人中奔忙着"。

由此，鉴于龙大道的工作表现，1927年1月4日，上海区委在召开全体会议讨论上海总工会组织问题时，决议由汪寿华、郑复他、李泊之和龙大道4人组成上海总工会主席团，加强对上海总工会的领导，同时推选龙大道作为新的职工运动委员会委员，配合时下革命形势，公开对上海职工运动的组织领导。开展组织工作的同时，中共中央和上海区委很快就认识到上海市民自治运动是不可能顺利达到的。1927年1月8日，孙传芳封闭了上海特别市市民工会，使上海的市民自治运动再一次遭到挫折，也使中共中央进一步认识到了不能指望军阀政府自动交出手上的政权，而必须在开展自治运动这一合法斗争形式的同时，着眼于发动群众，及时把自治运动转到"武装自治""准备暴动"的轨道上去，把合法斗争和武装斗争集合起来。

正是基于这一认识，上海区委开始把工作重点转移到领导工人运动，准备武装起义上来。1927年1月30日，上海区委发出关于武装工人与纠察队问题的通告，重新提出了准备武装起义的问题，认为"武装工人问题在现时非常重要""是准备工人武装暴动的基础"。为提高工人纠察队的战斗能力，上海总工会积极派员在各厂工人中进行武装起义的准备工作。龙大道也遵照组织分派给他的关于武装纠察队的工作指示，经常带领队员在租界里进行秘密的军事训练。据谢庆斋（时为上海商务印书馆发行所职工）回忆，在为武装起义作军事准备过程中，上海总工会主席团成员龙大道曾带领他一起去秘密购买武器。

革命的胜利形势确实发展得很快，1927年2月，北伐军开始向长江下游和江浙地区进军，上海气氛骤然紧张。尽管身处上海

福州各界歡送北伐軍出發大會於西湖六一十二月七日

1926 年底至 1927 年 2 月，北伐军先后攻克福建、浙江。图为福州各界欢送北伐军

政局不稳的形势之下，龙大道等革命同志仍在加快推进第二次武装起义的各项准备工作。2月8日下午，上海总工会在榆林路延令里 14 号英商电车工会俱乐部楼上厢房召开干部会议，讨论布置第二次武装起义的相关事宜，会议刚开始不久，龙大道等参会人员就遭到一个西捕和一个中国包探的搜查逮捕和监视。后在工人同志们的帮助下，龙大道等十多人用数条围巾结成绳索从窗户吊离了现场，并最终成功联系营救了全部被捕人员。这种惊心动魄的逃亡事件，在龙大道从事工运以来已不是第一次发生。

2月 11 日至 15 日，上海区委在上海秘密召开第一次党的代表大会，明确决定由共产党独立领导上海工人第二次武装起义。15日，中共中央又召开紧急会议，决定在北伐军到达松江之时，上海宣布总罢工，并组织第二次武装起义。16日，上海区委举行第一次全体会议，完全同意执行中共中央的决议，认为发动总同盟罢工和武装起义的时机已经成熟，决定"要有一个工人为主的武装暴动"，主要的是举行总罢工，继之以武装起义。18日，北伐军东路军攻占杭州后，前锋抵达嘉兴。当晚，上海总工会召集全市工人代表会议，收到北伐军抵达的消息后即决定，"于本月19日起，举行全沪工人总同盟罢工，援助北伐军，打倒孙传芳，而取得上海"。

2月19日，上海总工会作出举行全沪工人总同盟罢工的决议，指出此次罢工"全系政治性质，而非经济斗争，故在此行动中，绝对不能有经济要求之提出。同时，我们的目标是对付军阀，而非对付资本家"，并正式下达总同盟罢工令如下：

全上海工友们！

民众革命势力日强，北伐军战争胜利，军阀孙传芳抵抗失败，惟有由民众起而行动，以推翻军阀势力。本总工会特宣告全上海总同盟罢工，以完全消灭军阀残余，表现革命民众权力，令到之时，即刻行动，全体工友总罢工。罢工之

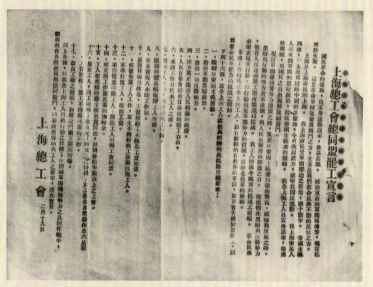

为配合北伐军进军，上海总工会于 1927 年 2 月 19 日发表宣言，号召上海工人举行总同盟罢工

1927 年 2 月 19 日，上海总工会发布的全市总同盟罢工令

后，须有组织的，有秩序的，听候总工会指挥，无复工命令，不得复工！切切！此令！

罢工响应北伐军！

罢工打倒孙传芳！

民众政权万岁！

工人自由万岁！

工人团结万岁！

上海总工会

十六年二月十九日

在这次总同盟罢工行动中，龙大道主要负责的是店员总联合会的罢工行动。他采取的策略，即以南京路上的先施公司作为带头榜样，成功领导店员闭市罢工汇入总同盟罢工。此前，按照上海总工会主席团会议的决定，为了努力组织好店员的罢工行动，龙大道曾在汉口路的老东方旅社召开先施公司职工委员会的骨干会议。针对当时上海的白色恐怖使一些职工同志产生畏惧情绪的实际情况，他深刻地分析了斗争形势，并做好了详细的斗争部署。在龙大道的教育、鼓励和领导下，先施公司的员工鼓足了勇气，充满了信心，纷纷踌躇满志，准备投身总同盟罢工行动之中。

2月19日早晨6时开始，全市罢工。各大工厂停工，电车停驶，轮船不开，邮局关门，南京路上的百货商店也相继"打烊"。据周良佐（时为先施公司职工）回忆，"上海工人第二次武装起义时……先施公司职工会也宣布罢工，第一家拉上了铁门"。当时，龙大道指挥着周良佐带领十几个职工骨干一边冲进店堂，一边呼喊："工友们，第二次总同盟罢工开始了，大家马上到食堂开会。"各楼的职工闻风而动，争先恐后离开柜台，奔向食堂。随后，他又与周良佐等先施公司职工会十几名纠察队员组织全体职工集中在铺面老商场开展罢工斗争。"接着，永安、新新、丽华三家大公司相继'打烊'（即关门）。"这就是当时有名的"拉铁门"事件，它有力地响应了上海第二次总同盟大罢工运动的形成和发展。

1927年2月21日，上海防守司令部贴出了"格杀勿论"的布告

第二次武装起义中，工人、学生和其他群众在老西门一带与军警对峙

至 2 月 22 日，先后加入罢工的人数达 36 万以上，上海总同盟罢工达到高潮。当时，全市的产业工人几乎全都参加了罢工，连南货业、酱油业、米业、药业等较为分散的行业工人、手工业工人，也在积极参加总罢工。经过反复讨论，中共中央决定将总同盟罢工转变为武装起义，并发出"特别紧急通告"，要求当晚（22 日晚）6 时"全上海动员暴动"。但是，期待中的北伐军却未能如期抵达上海，而是驻兵嘉兴，停止前进，加之国民党及上海工商界人士不支持不配合的观望态度，上海工人的第二次武装起义，终因孤军奋战和反动军阀的残酷镇压很快又宣告失败。

2 月 23 日，中共中央和上海区委召开联席会议，决定停止暴动和总同盟罢工。次日，上海总工会发

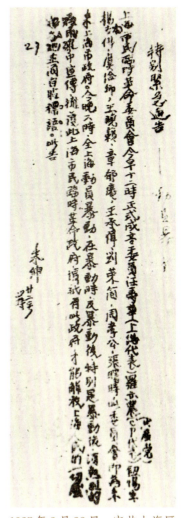

1927 年 2 月 22 日，中共上海区委发布特别紧急通告，总同盟罢工转为第二次武装起义

第二次武装起义受挫后，为了保存力量，1927年2月24日，上海总工会发出复工命令，并积极准备第三次武装起义

布复工令。虽然两次武装起义都失败了，但龙大道并未因此而偃旗息鼓，他在持续的斗争实践中不断吸取着经验与教训。上海工人的斗争在革命群众中产生了很大影响，进一步推动了上海反帝斗争的蓬勃发展。

## 参与领导第三次武装起义胜利

上海工人第二次武装起义刚刚失败，中共中央和上海区委即着手准备第三次武装起义，并成立了特别委员会（以下简称"特委"），负责整个起义的准备工作，同时积极筹备上海市民代表会议，建立市民政府，把推翻旧政权和建立新政权这样两个任务紧密结合起来，试图通过武装起义建立一个由共产党领导的市民政权，使北伐军进入上海后，面临一个既成的革命局面。

为使上海总工会更加适应于第三次起义的准备发动工作和起义胜利后所面临的全面对外工作，1927年3月7日，新成立的上海区委主席团召开会议，提出恢复上海总工会常务委员会，并在上海总工会原有组织机构，即秘书、宣传、组织的基础上，增设经济斗争部、交际科（部）和纠察队三部。此前上海总工会也曾设立经济总部，组织经济斗争委员会，以审查各工厂提出的罢工条件，研究各厂以前复工条件不能履行的原因并设法加以解决。当时，龙大道被推举担任上海总工会经济斗争部负责人（即主任），主要负责从组织群众开展经济罢工入手，发展群众斗争，进而准备工人武装起义。

第三次武装起义的整个行动，确定由中共中央和上海区委负责，紧急时则由陈独秀、罗亦农、周恩来、汪寿华四人负责。起义总指挥由周恩来担任，同时设立南市、浦东、闸北3个指挥部。3月19日，《上海区委行动大纲》发布，《各部作战计划》也已拟定，明确此次武装起义的策略是："罢工后立即暴动，夺取警察局；以纠察队维持治安，解除直鲁军败兵的武装；占领各公共机关，成立市政府，欢迎北伐军。"龙大道在特委统一领导下，积极组织领导闸北区和商务印书馆的工人秘密集会、筹集武器、开展训练，随时准备为第三次武装起义冲锋陷阵。

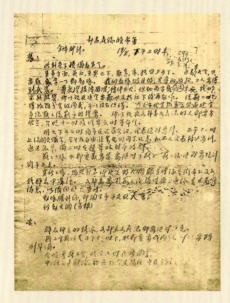

1927 年 3 月 19 日下午，中共上海区委召开各部委、各产总联席会议，罗亦农发布第三次武装起义的预备动员令

为准备第三次武装起义，中国共产党吸取了前两次武装起义失败的教训，在各区积极扩大工人武装并秘密进行军事训练。图为起义工人在操练

龙大道画传

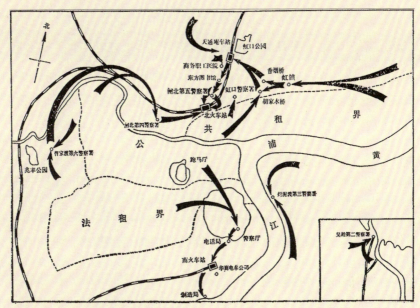

上海工人第三次武装起义示意图

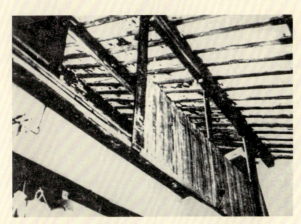

上海工人第三次武装起义期间，工人收藏枪支的阁楼

上海工人第三次武装起义时，
浦东地区储藏枪支的地下道

3 月 20 日，北伐军进抵上海近郊龙华，起义条件成熟。特委当机立断，决定于次日及时发动上海总同盟罢工并随即转为武装起义。3 月 21 日晨，上海区委发出举行起义的指令。龙大道等各负责同志随即分头布置，纷纷赶往起义各点位，集结人员、调动队伍，通知确认罢工起义的准备工作。这天一早，龙大道秘密来到上海总工会女工委员朱英如家中，把行动命令和 100 元办公费亲手交给她，并指示了今后公开工会的组织方式。中午 12 时，上海总工会下达罢工的命令。由于事先已做好充分的准备，罢工命令下达后，全市工人罢工、商人罢市、学生罢课行动立即行动起来，龙大道也投身武装起义的行列中，第三次武装起义的序幕正式揭开了。

按照"应在罢工后一小时内，将工人纠察队与罢工群众由租界调集至各区预定地点集合"的部署要求，从下午 1 时起，起义

上海工人第三次武装起义中，商务印书馆女工组织救护队，和男工一起投入战斗

龙大道画传

起义开始后，上海邮务工人驱车前往闸北参加战斗

的枪声在租界外的南市、虹口、浦东、吴淞、沪东、沪西、闸北7个区域同时打响。武装的工人在前，广大的群众在后，一致齐向警署、兵营和军队驻所等预定的战斗目标进攻。然而，由于闸北区军阀部署的兵力最强，进行的斗争可以说是最为严酷的，武装工人屡次进攻，都未能得手。因此，最后的激战集中在闸北。凭借自己曾在留苏东大时学过的军事知识和多次武装实践的斗争经验，龙大道在闸北区持续巷战的时候，及时赶往指挥部协助周恩来、赵世炎等人共同指挥战斗，组织进攻冲杀。最终，以3000名工人武装纠察队为骨干组成的起义队伍，在闸北区同驻在上海的毕庶澄部和其他军警总共5000余人经过两天一夜的激战后，于22日下午6时，成功攻克了敌人的最后一个据点——北火车

站，取得了第三次武装起义的胜利。

　　经过近 30 个小时的浴血奋战，上海工人阶级在中国共产党的领导下，共歼敌 5000 余人，缴获 5000 多支枪械等大量武器弹药，用鲜血和生命占领了租界以外上海的全部地区。这是北伐战争时期工人运动发展的最高峰，也是龙大道参与城市武装斗争的第一次成功尝试。上海工人以自己的血和肉从事实上证明了，"工人阶级的确是全国最革命的阶级，能够切实担负起革命的使命，能够领导其他被压迫阶级摧残军阀的武力，并建立新的革命的民主政权"。

## 遭到反革命政变严重打击

　　1927 年 3 月 23 日上午 10 时，已于 22 日组建的上海特别市

1927 年 3 月 23 日，龙大道代表总工会出席闸北五十万市民大会，并在会上作演讲。图为市民大会召开情景

临时市政府在南市蓬莱路的上海县署开始办公。同日，上海各界1000余团体50余万民众，在闸北青云路广场举行"拥护市民政府欢迎北伐军市民大会"。大会首先向死难烈士静默致哀，然后由各单位代表进行演说。龙大道作为上海总工会代表在会上发表了激昂的讲话："我们已经以热血换得了自由，我们今后还要以热血来保卫我们所得的自由，我们要结成工农兵学商的大联合，坚决拥护革命的上海市政府。"群众情绪十分热烈，他们欢呼鼓掌，"打倒帝国主义""拥护革命政府""革命政府万岁"等口号不绝于耳。

3月24日，长期遭到军阀封闭的上海总工会迁往闸北湖州会馆（今会文路155—163号）宣布公开办公。红布白字的"上海总工会"横幅高悬会馆主要建筑的门厅上方，门厅两旁各开一

1927年3月27日，上海总工会在湖州会馆大厅举行授旗典礼，中共上海区委赠"全国无产阶级之模范"锦旗一面

间，分别为上海总工会传达室和工人纠察队警卫室。进入门厅是一个大天井，穿过天井分别是大厅和二厅，上海总工会的总务处、宣传部、组织部、经济斗争部及其他工作部门便设立在此处。龙大道等负责同志都在这里办公。工作人员胸前佩戴着"上海总工会职员"的小红布条，干事热情非常高涨。3月27日，上海总工会召集举行上海工人代表大会。汪寿华向大会报告第三次武装起义的经过和工会今后的工作，还选举产生了主席团和新的执行委员会。龙大道等40人当选执行委员，另有17人被选为候补委员。至3月28日下午，上海总工会又召开第一次执行委员会议，选举正副委员长和各部部长，龙大道继续任经济斗争部部

1927年3月27日举行上海工人代表大会，龙大道当选为新的执行委员。当时《申报》作了报道

长，同时决定由汪寿华、杨培生、龙大道等 7 人组成新的上海总工会常务委员会。

会后，龙大道继续奔走于各个基层工会组织或工人团体，他不仅积极推动老工会的整顿、重建，也经常参加一些新工会的成立或代表大会，现场祝贺、授旗并发表演说。3 月 30 日，在青云路世界大戏院举行的青年代表大会上，龙大道代表上海总工会作了热情洋溢的讲话："上海总工会是代表全上海八十万工友利益的，特别要维护青年工人的利益，青年工人更应一致积极拥护代表自己利益的上海总工会。"4 月 3 日，在上海金属业总工会成立的庆祝大会上，龙大道又以上海总工会代表的名义，向金属业总工会亲授会旗，并向到会的 200 多名代表致辞祝贺。

《民国日报》1927 年 4 月 4 日报道金属业总工会授旗礼，龙大道作为上海总工会代表参加在上海区委和上海总工会的领导下，龙大道等众多干部委员齐心协力，全市各厂各业的工会组织不断发展壮大。到1927年4月初，经上海总工会登记的工会组织已经从1926年的70多个增加到了500多个，会员人数也从4万人发展到近80万人，各级工会的号召力和影响力与日俱增。

而龙大道也在工人中收获了威望与信任。此前紧张的起义发动和准备工作中，虽多次调任不同岗位工作，龙大道始终和工人群众紧密团结在一起。不管是工厂、工棚或宿舍区，还是在先施公司、商务印书馆、沪东纱厂，到处都留有他领导组织工运的足迹与身影。上海工人运动领导人之一的徐梅坤曾回忆龙大道："我对大道的印象很好。他生活艰苦，对党忠诚，严于律己，对同志热情诚恳，对工人疾苦十分关心。不论做什么工作，他态度始终是积极认真的，和同志们的关系也相处得很好，在工人中间威望很高！"组织工会、发动宣传、游说起义、抓紧训练、参会赴会，龙大道始终坚守在罢工斗争的最前线。肚子饿了，就啃儿口窝头，或者买一个铜板的五香豆吃上几颗，身体累得扛不住了，就在厂房草地上躺一会儿。即使在上海总工会里工作，龙大道睡的是公用帆布床，盖的也是一床薄薄的被子。

龙大道把工人群众看得很重，虽然一直在前线日夜奔走，但他始终任劳任怨。"大道同志对人诚恳热情，生活艰苦，在工人

中间威信很高，他对革命事业是无限忠诚的。"当时党的活动经费紧张，同志们的生活都十分艰苦，有时甚至需要两个人一天共吃一份饭菜。当基层工会送来食品时，龙大道总是坚持"让工友先吃完，自己才动嘴"的原则，有时饭菜不够，他干脆把饭菜让给其他同志，自己用豆饼或番薯充饥。龙大道的妻子金翊群的回忆中，有过这样一件事，"有一次，他发觉一个工人家里没钱买米，就把组织上给他的几元钱生活费从衣袋里掏出来，送给这户人家；自己只留下几个钱，买大饼油条充饥"。因此，工人群众也把他看得很重，愿意亲近他，甚至多次在险恶的斗争环境中竭力保护着龙大道。上海工人三次武装起义的斗争中，龙大道几次身陷险境，都是在工人群众的全力救护下而化险为夷的。

就在龙大道和上海工人群众感情越来越深厚的时候，一股反动的逆流也在迅速滋长。第三次武装起义胜利不久，以蒋介石为首的国民党右派，就已按捺不住反共的阴谋诡计。3月26日，蒋介石乘坐军舰来到上海以后，随即同帝国主义列强、江浙财阀和流氓头子等举行一系列秘密会谈，勾结布置反革命政变，早早地在各地工会兴高采烈迎接北伐之际便暗地里举起了屠刀。4月初，蒋介石约集白崇禧、张静江、吴稚晖等举行秘密会议，决定用暴力手段实行"清党"，完成了对中国共产党发动突然袭击的准备，并提出了对各地共产党员应"看管"的197人名单，其中，龙大

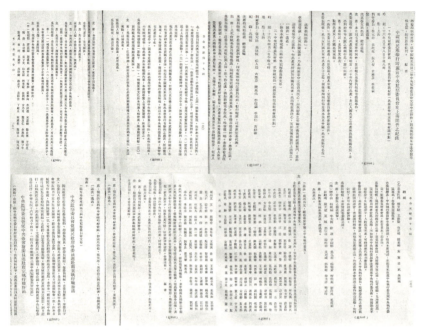

从 1927 年 4 月 2 日开始，蒋介石决定"清党""反共"，列出了各地应先"看管"的共产党员名单共 197 人，龙大道也被列在其中

道的名字也赫然在列。

　　中共中央和上海区委对蒋介石的某些阴谋活动有所觉察，也在努力加强工人纠察队，力图巩固革命成果。但当时共产国际仍对蒋介石抱有期望，不赞成同蒋破裂，殊不知上海总工会等共产党人集聚的地方，早已是帝国主义列强、反动派等的眼中钉。4月 11 日晚，青洪帮头子杜月笙在法租界诱杀上海总工会委员长

蒋介石的军队占领上海工人
纠察队队部

政变发生后，上海工人纠察
队总指挥驻地、龙大道从事
革命活动和工作的地方——
商务印书馆俱乐部遭到反动
军队的袭击，墙上弹痕累累

图为蒋介石反动派在上海街
头任意逮捕和屠杀共产党和
人民

汪寿华。4月12日凌晨，早就全副武装的大批青洪帮武装流氓从租界冲出，向分驻上海总工会等处的工人纠察队发动突然进攻，先后袭击并占领了闸北总工会会所、闸北商务总厂、纠察队总指挥处、闸北天通庵路天主堂、南市华商电车公司、南市三山会馆等20余处要地。

在这场突如其来的攻击中，反动军队国民革命军第二十六军（蒋介石收编的孙传芳旧部）以调解"工人内讧"为幌子，强行收缴工人纠察队的枪械。2700多名上海工人纠察队队员被解除武装，其间300多人死伤，还有共产党员和工人1000余人，在租界和华界内被外国军警搜捕移交给蒋介石。上海总工会会所和工人纠察队各驻所也均被占领。这在4月13日的《申报》中亦有过报道，即"军事当局，以工人冲突名义，将纠察队全部缴械，所有纠察队之驻扎处所，俱由军队占领"。

4月13日，上海总工会发布《上海总工会为反抗蒋介石"四一二"反革命政变的总同盟罢工宣言》，将事变真相通电全国，号召上海工人阶级"誓死奋斗，宁愿死于以国民革命为旗帜者之手，虽死亦有荣"，并提出以下要求：

一、交还纠察队枪械；

二、发还工友被劫衣物，并赔偿一切破坏损失；

三、抚恤死伤工友及其家属；

四、惩办下令开枪攻打工友的军事长官；

五、严缉暗杀本会委员长凶手，为汪寿华报仇；

六、交还工会各机关，保护总工会；

七、制止流氓捣乱，肃清一切反动派。

同日，上海总工会在闸北青云路广场召开群众大会进行抗议，到会者超 10 万人。龙大道在大会上深刻揭露了反动派的阴谋罪行，号召工人群众誓死保卫自己的组织。但在其后列队游行前往二十六军二师请愿的过程中，当游行队伍行进到宝山路三德里附近时，早已准备好的全副武装的军队从弄堂内冲出，猛烈

1927 年 4 月 13 日，龙大道组织上海总工会在闸北青云路召开群众大会。会后群众冒雨进行游行示威

开火，机枪狂扫，当场打死100多人，伤者不计其数，龙大道在指挥队伍游行时受了重伤，满身是血。当天下午，由流氓董福开、张伯岐等组成的所谓"上海工界联合会总会"，在反动派军队的护送下成功进入并占领了湖州会馆，随即宣布取消上海总工会。在这样的白色恐怖下，上海总工会被迫转入地下。

但大规模搜杀共产党员和革命群众的反动行为并没有停止。1927年4月19日，南京国民党中央发出通缉令，通缉龙大道等共产党人及"跨党分子"197人。4月25日，国民党淞沪警备司令部又在上海各报发布悬赏缉捕龙大道等人的命令，并称"查得现有反动共产分子林钧、王守谦、余泽鸿、吴广吾、李泊之、顾顺章、朱又权、龙大道等20人，在沪捣乱后方，宣传共产主义，应即一体查拿。查获首要者，每名赏洋1000元，附从者每名赏

1927年4月25日，国民党淞沪警备司令部发布通缉令悬赏捉拿龙大道等革命志士

　　　　　　　　　　　　　龙大道画传

洋 500 元。仰该军警等分别按名严密查缉，务获解惩，以清乱源"。龙大道等共产党人及工人运动领袖被迫隐匿行事。

四一二反革命政变发生后，国内的政治局势也发生了根本的变化。当时，全国形成三个政权对峙的局面：以张作霖为首的北京政府、以蒋介石为首的南京政府和继续保持国共合作的武汉国民政府。龙大道虽然在上海的工人运动中遭受了挫折，但他冷静判断革命形势，始终坚定为中国革命必将最终胜利而不断斗争的革命信念。

LONG DADAO

经过上海工人三次武装起义考验的龙大道，不仅在工运事业的道路上走得更加坚定，也逐渐蜕变成了一名可以独当一面的革命者。1927年至1928年间，龙大道留在武汉继续从事工运工作，先后担任工商俱乐部负责人、中共汉口第二区委书记、中共汉阳县委书记、中共湖北省委执行委员会委员等职，甚至一度身陷囹圄，却仍写下"身在牢房志更强，抛头碎骨气昂扬"的铿锵诗句。

### 紧急时期的两次大会

为了适应革命形势需要，中共中央机关及其各部门于1926年9月至1927年4月间先后从上海迁至武汉，武汉成为全国革命的重心和中国共产党的中枢要地，革命干部队伍也随之更强，中共中央委员等一批党、团的重要干部，按照中央指示都陆续到武汉工作。龙大道是在四一二反革命政变后，随组织安排撤离上海、回到武汉的。他此前就曾在这里接受革命思想教育、经历五四运动洗礼，对武汉不仅熟悉，且充满感情，还富有在此地生活的经验和开展工作的基础，这或许也是组织将龙大道留在武汉继续工作的一点考虑。

1927年4月27日至5月9日，在大革命生死存亡的紧急关头，中国共产党第五次全国代表大会（简称"中共五大"）在武

中共五大开幕式及会场照片（原件藏于俄罗斯国家社会政治历史档案馆）

为了避免加重武汉政府的"赤化"色彩，同时防止反动分子的袭击，1927年4月29日，大会转至黄陂会馆会场（原址已毁，现为汉口自治街31号）

昌高等师范第一附属小学（今武汉市武昌区都府堤20号）召开。出席会议的共100多人，各地代表有80余名。时任上海总工会常务委员兼经济斗争部部长的龙大道作为上海代表出席了这次大会，但囿于他是否确为正式代表的相应佐证资料有限，只得暂置于"尚未完全确定代表资格和旁听人员名单"。

当时中共五大面临的任务是十分紧迫的。全党都期待着这次大会能够清醒判断当前局势，回答党内最焦虑的如何从危难中挽救革命的问题。但是由于大会未能对武汉政府的各派作出正确的分析，导致了对汪精卫、对武汉政府采取右的迁就主义政策。惯以国民党"左派领袖"面目出现的汪精卫，更是在会后公然利用国民党中央和武汉国民政府的名义，开始连续发布各种镇压工农运动的禁令，并与北方新军阀达成了共同反共协议。与此同时，在革命统一战线内部，工人阶级和资产阶级在经济上的利益冲突也日益尖锐，党内的右倾思想和工人运动中开始出现的"左"倾，使武汉乃至全国工人运动形势更加恶化。

在这工人运动惨遭镇压和正在转向低潮的关键时刻，中华全国总工会认为，召开一次十分重要的大会，已经"不容片刻犹豫"。1927年6月19日至28日，为了迅速解决摆在无产阶级面前的许多重大而迫切的问题，明确发挥无产阶级在革命转变关头的领导作用，中华全国总工会在汉口召开第四次全国劳动大会。此前，在6月18日的预备会议上，中华全国总工会已经率先通过了由苏兆征、邓中夏、李立三、刘少奇等25人组成的大会主席团，同时组建大会政治委员会、经济委员会、组织委员会等5个委员会。其中，经济委员会由龙大道、许白昊、张昆弟等14人组成，龙大道当选主任，并负责主持起草经济斗争决议案。

第四次全国劳动大会开会期间，到会的各地代表400余人，代表全国有组织的工人280余万，还有其他列席会议人员共计3000余名。龙大道怀着对大会主旨，即"誓与国民政府、国民革命军同生死、共患难，反对帝国主义者之武装干涉，反对反动派对于农工之屠杀及农工自由之限制，并绝对赞助农民获得土地之

1927年6月19日，中华全国第四次劳动代表大会在汉口召开，龙大道率领上海工人代表团参加了这次会议。图为会议旧址

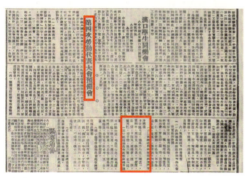

《汉口民国日报》1927年6月19日报道第四次劳动代表大会预备会情况

一切争斗，与工、农、小资产阶级结成革命同盟，以打倒帝国主义、军阀及封建、买办大资产阶级等反动势力，完成国民革命，求得中华民族及压迫阶级之解放"的认同，与上海工人代表团一行数人应邀到会。

大会由主席团成员轮流主持。中共中央总书记陈独秀在会上讲了话，还有全国总工会、共产党、共青团、国民党中央党部、

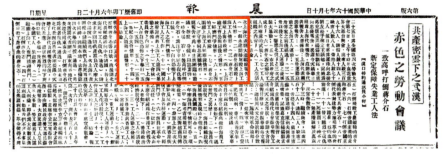

《晨报》1927年7月10日报道龙大道作为上海代表在第四次全国劳动大会上作报告

国民政府等也相继派代表作报告与致辞。龙大道是作为上海代表在大会召开的第七日（即1927年6月25日）作了十五项内容的报告。

在报告中，龙大道不仅深刻总结了过去一年间上海80余万工人在上海总工会领导下持续斗争的成功经验和失败教训，也强烈控诉了以蒋介石为首的国民党右派在上海制造虐杀惨案的滔天罪行。言辞昭昭，听者共愤。全场高呼打倒蒋介石等口号，并在龙大道的汇报结束后，即通过了"向中央请愿，替上海死难工人复仇""继续我们上海死难烈士精神，回到本地，去准备第四次暴动的后援"等湖北、上海、浙江代表团的提议。

大会还讨论和通过了《政治报告决议案》《组织问题决议案》《经济斗争决议案》等共13项决议案。《经济斗争决议案》作为由龙大道负责主持起草的一项大会重要决议案，是在经济斗争

第四次全国劳动大会召开，龙大道任经济斗争委员会主任，负责起草《经济斗争决议案》，并在会上作经济斗争报告。图为今龙大道故居所陈反映当时会上情景的画作

"不仅是工人改善生活的一种行动，也是工人阶级获得斗争胜利的一种教育和训练"等大会精神与集体主张的基础上起草形成的。也是在这份决议案中，龙大道等经济委员会成员明确提出了全国工人阶级急需的经济斗争总要求的要点，即"必须立即规定全国工人实行法定的劳动时间；适应社会经济的变化，规定最低工资标准，并按照物价规定工资增加的比例；为了保障工人的生活条件，对不可避免的疾病、死伤、失业、衰老等，实行社会劳动保险"。

根据不同地区不同行业经济斗争革命形势的差异，大会还就工资和雇佣条件、医疗及劳动保险、女工与童工保护、劳资纠纷调解与裁决以及失业工人保障、救济、安插等经济斗争问题，结合产业工人、手工业工人、失业工人的不同情况，在多项决议案中分别作了具体的规定。龙大道充分发挥了自己在上海长期从事工人经济斗争工作积累的经验优势，先后提出"要通过经济斗争，巩固和增强工人争取解放的力量""工人阶级的经济斗争要靠政治斗争来保证，工人阶级应积极参加革命斗争，支持农民获得土地的斗争，应建立可靠的工农联盟"等观点与主张，并与各地代表团积极交换意见。

持续多天的大会，让全国不同地区的工人代表以及在汉口参加太平洋劳动会议的俄国、爪哇、朝鲜等职工代表有了一次能够互相交流认识与经验的机会。龙大道鼓励上海代表团要积极参加讨论，他自己也主动和各地工人代表分享、交流上海工人运动的情况，这些不仅让大家进一步开阔了眼界，增强了斗争的热情和信心，彼此之间的革命情谊也更深厚了。会议期间，上海代表团里一位丝厂代表魏素珍不幸患上急性关节炎，四肢不能动弹。龙大道知道后，赶紧安排同志将她抬去找医生看，并把自己的小被头铺在了担架上以减轻病人痛苦。不仅如此，龙大道还考虑到这位上海工人代表身处异地他乡无人照料的处境，抽空亲往医院看望安慰。

大会结束前一天，中共中央向龙大道等劳动大会的各地代表，发出了《中国共产党致第四次全国劳动大会的信》，内容如下：

第四次全国劳动大会代表亲爱的同志们：

自二七以来，中国工人阶级和本党携手奋斗，已经四年多了，这四年当中，中国工人阶级和本党同志为革命奋斗而为帝国主义军阀及大资产阶级的代表所屠杀者，遍于全中国南北各省，积尸可以成山，尤其是最近封建资产阶级的代表新军阀蒋介石及其党徒白崇禧李济深夏斗寅许克祥等在南方之屠杀，旧军阀张作霖张宗昌在北方之屠杀，更为残酷。本党李大钊等同志们在北京之死难，汪寿华等同志们在上海之死难，邓培李森刘尔松等同志们在广州之死难，杨昭植等同志们在湖南之死难，其惨烈当为中国工人阶级及本党永远不忘之事。

中国革命青年愈向前进展，帝国主义愈惊恐发狂地教唆其走狗向中国革命的工人阶级及本党横施屠杀；帝国主义惊恐发狂，教唆其走狗之范围愈扩大，不独旧军阀受其教唆，即曾经投机混入革命之新军阀及一切游疑中立分子，亦受其教唆，转过头来，戴着革命的假面具，向工人阶级及本党毫无顾忌的摧残。

工友同志们！现在和革命势力不相容的，不只是帝国主义及其老走狗张作霖，也不只是帝国主义的新走狗蒋介石，凡是被革命高潮所吓退而接受帝国主义教唆的人，都会自觉的或不自觉的走到反革命那边去；所以中国革命成功的担保，即中国民族脱离帝国主义之压迫剥削而解放的担保，乃是工人阶级及本党同志的血。

现当革命的高潮中，反革命的恶潮亦日益增涨，造成中国革命运动之一大危机，革命的工人阶级正在此危机中召集第四次全国劳动大会，这是有非常严重意义的。

工友同志们！我们在第四次大会时的力量固然比前几次大会时的力量增加了，但是敌人的力量也同时增加了；因为帝国主义的走狗不但是老军阀，现在又加上了大资产阶级及大地主的代表新军阀。我们今后向他们作战的力量，不但要集中工人阶级自己的势力，而且要领导农民阶级和小资产阶级，以结成工农小资产阶级的革命联盟，向共同的敌人作战；因为农民阶级小资产阶级，和工人阶级同样是受帝国主义新旧军阀及大资产阶级之压迫者，这三个阶级都是中国革命的势力。所以此次大会之中心口号应该是"工农小资产阶级的革命联盟"。

工友同志们！今后革命的争斗将愈加艰难困苦，我们须愈加努力。本党庆祝大会之成功，同是预祝大会后全国工友们和本党携着手奋斗到底，以获得我们的最后胜利！

第四次全国劳动大会万岁！

全中国工人阶级团结万岁！

工农小资产阶级的革命联盟万岁！

中国国民革命万岁！

世界革命万岁！

中国共产党中央委员会

一九二七年六月二十七日

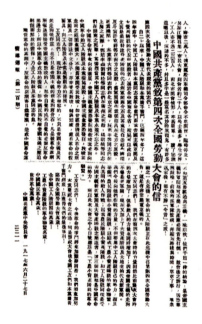

1927年7月8日《向导》第
二○○期载《中国共产党致
第四次全国劳动大会的信》

武汉友益街的中华全国总工
会暨湖北省总工会旧址

　　该信在大会闭幕当天下午，由大会主席团成员向全体与会代表全文宣读。其时，"全场呼声雷动"，龙大道等各地工人代表都对党中央的信一致拥护，"无论付出多大的牺牲，中国无产阶级将坚持到底"，也"必将保持在革命运动中的领导地位"，充分表达了中国工人阶级对中国共产党的敬仰和信赖，也显示了中国无产阶级的革命坚定性和彻底性。

　　会后，因为工作需要，龙大道奉命继续留在武汉，与刘少奇、林育南、向警予等同志，一起在全国总工会和湖北总工会工作。

## 转入地下与不惧被捕

　　起初，龙大道在武汉主要是参与及负责刚刚成立不久的工商俱乐部委员会开展相关事宜。作为当时武汉地区调解劳资纠纷的一个机构，工商俱乐部此前是由湖北省总工会、汉口特别市商民协会、汉口特别市店员总工会联合组织，于1927年5月正式成立，其委员会则由省总工会和市商民协会推派代表组成。同时，根据"平心静气解决相互间一切纠纷，建立巩固的工商联合战线"的宗旨，工商俱乐部设置了仲裁机关，以进一步按照解决劳资问题的各项原则意见来处理一切工商间的纠纷问题，即凡工商间问题较为重大者，由工商俱乐部解决；发生困难时，由省总工会和市商民协会联席会议解决。

　　为尽快深入湖北工人群众，根据组织安排，1927年6月，龙大道出任工商俱乐部委员会委员兼主席，积极投身工商俱乐部的组织和宣传工作。6月10日，龙大道在湖北省总工会召集的手工业工人代表大会上报告工商联席会议决议案，逐条解释"改良店员待遇问题""店员工作时间问题"等15项问题，说明工商俱乐部之宗旨，并提出"非工商共同联合，向共同的敌人进攻不可"。6月22日，龙大道组织刘幼安等8名工商俱乐部委员召开第三次常委会，通报本部案件情况及后续工作办法。7月9日，龙大道

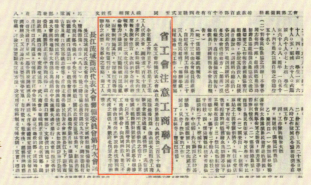

《汉口民国日报》1927 年
6 月 11 日报道《省工会
注意工商联合》

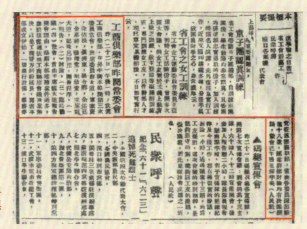

《汉口民国日报》1927 年
6 月 24 日报道《工商俱
乐部昨开常委会》

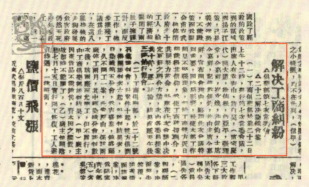

《汉口民国日报》1927 年
7 月 25 日报道《解决工
商纠纷》

作为工商俱乐部负责者，会同中央商民部共同判结了三起工友与店东纠纷案。

就在龙大道努力使工商俱乐部逐渐发展为"对于解决工商间的纠纷很有成效"的同时，尽管第四次全国劳动大会所制造出来的革命气氛，一时振奋了人们的革命精神，但武汉的局势却一天比一天严峻。以汪精卫为首的武汉国民政府日趋反动，已由"限共""抑共"加快发展到公开反共。1927年7月15日，汪精卫召开国民党中央常务委员会扩大会议，以"分共"的名义，正式同共产党决裂，并公然在武汉发动武装政变，大肆搜捕、屠杀共产党员、革命人士和工农群众（史称七一五反革命政变）。第一次国共合作全面破裂。持续了三年多的大革命失败了。

蒋介石和汪精卫背叛革命后，国内政治局势陡然逆转。年轻的共产党遭受到它成立以来从不曾遇到过的严峻考验。党内思想一时异常混乱，不知道何去何从。龙大道对国民党反动派的血腥镇压感到非常义愤。眼看着原来蓬勃发展的各地工会和农民协会到处被查禁或解散，工农运动在严重的白色恐怖下走向低沉，龙大道没有被吓倒，也没有被征服，他知道冲动并不能解决革命的现实问题，只得同其他共产党人一起，随党的组织转入秘密状态继续斗争。

为了适应地下革命斗争的环境，龙大道化名为赵庄，并将自己的形象和装饰都改为工人惯穿的服装样式，以便于接近群众和出入工人住宅区，继续从事革命活动。令人欣慰的是，此时的龙大道并不是孤身一人，他此前已与共产党员金翅群在上海结为革命夫妻。龙大道奉命来到武汉时，妻子金翅群也随他一同到此，并作为上海丝厂代表出席了第四次全国劳动大会。会后，由组织决定让金翅群协助丈夫龙大道继续工作，夫妻二人便共同留在了武汉。

1927年8月下旬，中共汉口第二区委（简称"汉口第二区委"）机关遭到严重破坏，书记梅中林（即梅宗林）在斗争中被捕，后不幸牺牲。龙大道即被指派继任汉口第二区委书记，与向警予、林育南等同志继续领导工人群众开展地下革命斗争。中共汉口第二区委于1927年7月改组成立，初由梅中林、龙大道、周兆秋等5人组成常委会，直属湖北省委管辖。这里本是武汉店员工人集中的地区，但在国民党反动派的大肆搜捕和屠杀后党员的数量已经很少了。

龙大道为了加紧恢复组织秩序，只得日夜奔走在店员工人间秘密开展活动。确定日后的秘密办公地点和恢复店员工会组织，就是他面临的首要任务。1927年初秋的一天，经汉口第三区委书记曹祥华联络，龙大道、周兆秋来到新市场（今汉口民众乐园）隔壁文书巷的一家湖南馆子吃饭。名为吃饭，实际是来此会见原第十店员工会的刘锦珊（后为区委地下交通员），共商"把店员工会再建起来"和"为二区党委（当时汉口分三个区，二区是江汉路到硚口一带）租赁秘密办公处"等工作事宜。后通过邓锦珊的帮助，龙大道等很快就在一位住在汉正街一条巷子里的店员家里，租到一间后房作为汉口第二区委的秘密机关，同时又在河街金庭宫殿租了楼上一层作为店员工会的机关。有了办公地点以后，龙大道领导下的汉口第二区委的店员工会也就建立了起来。

在汉口隐蔽斗争的时候，党的工作完全要依靠群众，靠群众出面活动，更要靠群众帮忙掩护。因此，龙大道虽然在生活上非常清苦，但依然始终保持着对革命同志和组织群众的关心。

当时龙大道受中共湖北省工委委员向警予的直接领导，经常要一起发展组织、研究工作、指导斗争。过程中，龙大道就关注到向警予的工作很忙，经常早出晚归，家务也没有人可以帮忙料理。想到自己的住处离向警予的家并不远，龙大道即和妻子商量，让她帮助照顾向警予的生活。经过一段时间的亲密相处，龙大道夫妻和向警予的革命情谊很是深厚，金翊群后来更是常唤向警予为向大姐。

一次，金翊群因病卧床，天气实在闷热，龙大道用家中仅有的一部旧电扇给妻子解暑。一天下午，中共湖北省委常委兼宣传部部长林育南来到龙大道家里联系工作，说起印刷工作需要一台电扇降温，希望龙大道批给经费。因不想增加组织经费的压力，龙大道当即表示要把自己家中唯一的电扇拆下来让林育南带走。但林育南见金翅群尚患病在床，坚决不要。最后，龙大道跟妻子商量后，还是亲自把电扇送了过去。

等向警予来到龙大道家中联系工作时，一进门便见金翅群大汗淋漓，而龙大道正拿着蒲扇在一旁扇风。她问起了电扇的去向，龙大道只笑笑说道："我们熬一熬，就过去了！"事实上，此前向警予曾把一个箱子存放在龙大道家里（内有党的活动经费500多块银圆），并指示龙大道"可以按情况灵活使用"。但是，龙大道不仅从来不对公款挪用分文，还再三叮嘱妻子："公私要分清，这是公款，要用在革命事业上，我们私人有天大困难，也决不能动用分文。你要对革命事业负责，把它保管好。"

向警予只能"命令"龙大道立即拿出钱来去买电扇，还亲自从箱子里拿出钱交给金翅群做伙食费。龙大道表面上点头答应，等向警予一走，又把钱放回了箱子。几天后，又有同志来联系工作，发现龙大道并没有买电扇，只在妻子的病床上搭了个简易"帐篷"，很感慨于夫妻二人对革命事业的支持。

由于国民党反动派的疯狂搜捕和屠杀，龙大道等地下工作者为了躲避敌人对地下活动的盯梢，不得不在武汉频繁迁居，更换住址。在和向警予短暂相邻了一段时间后，龙大道又带着妻子金翘群搬到了刘少奇的住处附近。然而，就在刚搬进新住址没几天，龙大道一次到汉阳组织人力车工人罢工（一说汉阳兵工厂）时不幸被捕。

龙大道是在一家茶馆与化装成车夫的地下交通员接头时，被敌人的暗探抓住，关进了当时设立在武昌司门口所谓国民党"镇压反革命委员会"的临时监狱中。尽管自己被捕，但龙大道成功掩护了接头的同志，茶馆的伙计（实际是一名积极分子）也乘机逃走并潜回了汉口的安全据点，等待着向组织汇报，设法营救龙大道。半个月后，龙大道的妻子金翘群收到向警予托人转告的丈夫被捕的消息，以及五十元钱来做夹衣、棉衣等生活应急之用。

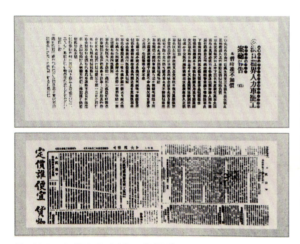

关于汉口租界人力车罢工的报道　　　　关于汉阳兵工厂酝酿大罢工的报道

第二日，向警予又派人将金翊群从汉口送到武昌党的交通机关，并嘱咐她转告龙大道："党要他做一个坚强的共产党员。"

到武昌后，组织即安排金翊群到监狱去探望龙大道。夫妻相见时，百感交集。龙大道开口问的第一句话却是"大家都好吗？"金翊群知道丈夫惦记着同志们，便回答道："都好！"龙大道这才稍微宽心了些，但他随即注意到满脸担忧的妻子，便急忙安慰并耐心鼓励道："闹革命总免不了牺牲的危险，但我们的牺牲是为了千百万人的解放，为了共产主义的实现，是值得的有意义的。""当然，你不要难过，我什么证据都没有给敌人捞到，在我身上只搜去一只贴有'金'字的药瓶，我就化名金甲祥，假称是鹦鹉洲木商，看来问题不大。"

说话时龙大道将双手藏在袖管里，怕受刑的伤痕叫妻子看了

今龙大道故居所陈
表现龙大道狱中情
景的画作及其所作
《狱中》一诗

伤心难过。金翊群一直在心疼地打量着丈夫,只见他穿着一件灰色旧布衫,黑裤子,青布鞋,脸色蜡黄,头发、胡子都很长,几乎叫她都不认得了。但听了丈夫的话,金翊群紧张焦虑的心情平静了些。而当金翊群将向警予和党组织要他"做一个坚强的共产党员"的指示转告龙大道时,龙大道十分激动,备受鼓舞。于是,在狱中分别之际,龙大道轻声地念了一首诗要妻子转告向警予和党组织:

身在牢房志更强,
抛头碎骨气昂扬。
乌云总有一日散,
共庆东方出太阳。

在严峻的生死考验面前,在革命前途仿佛已变得十分暗淡的艰难时刻,要始终如一地对自己的信念毫不动摇,迎着狂风恶浪坚持战斗,并不是容易的。龙大道用自己的言语和行动表现出了这种可贵的大无畏品格。在监狱里和法庭上,面对敌人各种威逼利诱的手段,龙大道始终冷静机智沉着应对,咬紧牙关未曾松口。

一无所获的严刑逼供让敌人恼羞成怒,龙大道被关进了一间由十来个人挤在一起的小房里，一度过着非人的生活。每天只能吃到两碗粗米饭和几根臭咸菜，睡觉就在潮湿发霉的地上，龙大道还因此生了一身烂疥疮，脓血粘满了衣服，但这些肉体上的折磨都不足以动摇他的革命意志。即便是在狱中，龙大道依然很乐观。他不仅快速和狱中难友们团结到了一起，还积极拉拢了看守，经常对他们宣传革命道理，揭露国民党叛变革命的恶劣行径，希望能够借此提高并增强他们的思想觉悟和斗争意识。与此同时，龙大道还利用放风等各种机会，抓紧和更多的难友们秘密筹划越狱计划。

组织上非常重视龙大道等人的营救工作。向警予多次在汉口河街的秘密据点和支部同志们开会商议，准备组织劫狱。因为当时负责看管牢房的是唐生智的部下，而唐生智由于正在和桂系李宗仁之间进行着激烈的"党统之争"，对此处的看管有所放松。利用这个有利情况，组织认为营救成功的可能性将会增大。于是，向警予派邓锦珊向监狱里的龙大道传递消息，互通劫狱营救问题。

龙大道按照组织的指示，在狱中积极创造越狱条件，活动疏通关系。考虑到被关押的牢房原是清末的抚台衙门，其内早已破旧不堪，龙大道决议发动难友一起凿墙越狱，党组织设法将小刀、钢锯、锥子等工具秘密送进牢房。经过周密准备，1927 年

10 月，趁国民党内部派系打仗的机会，党组织派人到武昌劫狱，他们将牢门砸开，和龙大道等几十名难友里应外合，成功越狱。

## 年关暴动筹备在即

龙大道再次平安回到了党组织的怀抱，并与妻子重聚。此前，向警予已安排邓锦珊将金翅群送到武昌市委机关暂住。在短暂休整过后，龙大道不顾身体虚弱，坚决谢绝了组织上要他好好休养一段时间的要求："铁窗风味虽然不好受，但作为一个革命者，为了解放全人类，吃这点苦算不了什么，这只是给我一次考验和锻炼的好机会，使我进一步体会到，只有斗争，才能胜利。敌人已经强迫我休息了九十多天，今后我一定要加倍地努力工作，来弥补我在坐牢这段时间里给革命工作带来的损失。"又立即投入地下斗争。

1927 年 11 月，为了恢复和农村党组织的联系，发动工农群众开展武装斗争，中共湖北省委决定由龙大道、林仲丹（林育英的化名，又名张浩）、欧阳梅生等组成新的中共汉阳县委，龙大道任县委书记，时辖蔡甸、鹦鹉洲区委和汉阳兵工厂特别支部、车夫支部、一码头（又名大码头）支部、鹦鹉洲码头支部、电话支部、邮务支部等党组织。县委机关设在汉阳城区龟山脚下欧阳梅生的家中，由欧阳梅生的妻子陶承负责掩护机关工作。

1927年11月，龙大道调任汉阳县委书记。1928年初，中共湖北省委决定在汉阳举行年关暴动，龙大道、林仲丹、欧阳梅生等同志负责组织暴动工作，后因暴动计划被敌人搜查时发现，暴动旋即失败。当时，汉阳县委机关设在欧阳梅生家。图为欧阳梅生家旧址所在。

县委机关设在欧阳梅生家中后，这里就成了龙大道和同志们联系工作、研究问题、组织会议的共同的革命的家。龙大道夫妻二人在生活上也多承欧阳梅生夫妻的帮衬，当时正怀孕的金翊群一度由陶承照料。龙大道经常到欧阳梅生家中串门，与欧阳梅生一起探讨组织汉阳工人武装斗争的问题，每次都很晚才回宿舍休息。

在陶承的回忆里，就有过这样一段记述：

一天傍晚，龙大道来到我家，和梅生谈了两个多小时，他们才下楼。大道对我说："辛苦你了，早点休息吧！""这算什么，我做不了什么事。"我回答说。

"不，你的工作很重要、很光荣"。大道说，"如果没有你这个'主妇'，我们这个家就不安全啰！"

送走大道，我对梅生说："老龙这个人，真平易近人。"


龙大道很喜欢欧阳梅生的儿子欧阳立安。在革命工作的闲暇之余，他也经常教导欧阳立安看书识字，他会用通俗的语言、形象的比喻，给欧阳立安讲起革命的故事和斗争的道理。

1927年11月中旬以后，桂系军阀进驻湖北并占领武汉，对湖北进行了更为残酷的黑暗统治。武汉卫戍司令胡宗铎一经上任，便开始大肆屠杀武汉的共产党员、国民党左派和革命群众，被武汉人民痛斥为"胡屠夫"。当时，武汉三镇的地下党组织相继被破坏，反动报刊上更是天天叫嚣着"共产党快要清洗完了"。龙大道等党内同志所处的环境越来越恶劣，武汉地区革命和反革命的斗争已然到了要短兵相接的程度，中共中央临时政治局常委会当即决定举行两湖暴动。

1927年12月5日，在中共汉阳县委与团汉阳县委联席会议上，龙大道等对汉阳地区目前形势下的工作策略作出决定，认为

"汉阳第一工作，即是工人运动"。同年 12 月 14 日，中共湖北省委在汉口召开扩大会议，龙大道当选新的省委执行委员会委员。12 月 22 日、12 月 31 日，中共湖北省委先后发出《对全省政治形势分析、准备实行总暴动》通告第二号和《关于全省总暴动计划》。按照省委的部署，党在武汉三镇积极开展了各项斗争，活动频繁，而龙大道在中共汉阳县委的工作也更加紧张了起来。

有一天，下着大雪，中共汉阳县委在欧阳梅生家中召开会议。因为会上要讨论布置暴动的具体行动计划，非常重要，龙大道一早便来到欧阳梅生家中做准备，并嘱咐陶承注意戒备。当时，为了安全起见，龙大道还在会前严肃宣布："不要抽烟，不要在屋子里留下任何痕迹。"会议紧张地开了一天一夜，龙大道等经过反复研究与讨论，终于制定好了暴动计划，"决定夺取电灯公司、电报局，割断电线，控制交通要道，同时攻打军警机关"。

但要实现这一计划，就必须搞到武器，做好武装。于是，欧阳梅生和汉阳兵工厂工人接头联络，明确准备从厂里运出二十条步枪和两挺机枪，龙大道将秘密运输武器的任务交给了赤卫队的杨兴发和黄子干两位同志，并在他们临走前特别嘱咐："枪放在废铁堆里，用席子卷着。到时候有人帮你们拾。万一遇到别人，就说是废铁……"可惜装着武器的小船在靠岸时，不慎被狡猾的敌人发现，黄子干被逮捕、武器被收缴。为了及时解决暴动武器的问题，林仲丹提议："我们自己造炸弹！"龙大道和欧阳梅生考虑再三后也表示了赞同。后来，林仲丹和妻子在家中制造炸弹时雷管爆炸，被街上的巡逻兵发觉，敌兵直接冲进房子里，搜查抓人、开枪射击，林仲丹夫妻负伤逃离后，一直被到处搜捕。龙大道等只得再作打算。

随着年关临近，武汉武装暴动的火药味越来越浓，敌人的搜捕和迫害也愈加疯狂。一天晚上，龙大道等中共汉阳县委各委员与工人代表正在欧阳梅生家的楼上举行秘密会议。突然，从巷外传来了一阵狗吠，紧接着便是一片杂沓的脚步声。警觉的陶承立即向楼上开会的同志们发出警号——敌人正在挨户搜查。当时有几个青年工人显得有些慌张，打算从前门冲出去。"千万不要慌

龟山脚下的住宅老照片

　　　　　　　　　　　　　　　　　　　龙大道画传

张!"龙大道冷静地安抚着大家:"我们不能莽撞地冲出去,要设法躲过敌人的搜查。"后在欧阳立安的帮助下,龙大道等人爬上龟山从一条暗道成功脱险。

1928年1月11日,中共湖北省委发出省委通告第十六号,决定利用旧历年关时节,举行全省年关总暴动。此间,为加强对全省年关总暴动的领导,武汉三镇区、市、县委负责人都有不同的调整。考虑到京汉路区组织力量薄弱,中共湖北省委拟调龙大道到京汉铁路工作,由林仲丹接任中共汉阳县委书记,与欧阳梅生、蒋宗文等5人组成新的中共汉阳县委常委会。但因时局困厄,龙大道未能成功前往被改组的京汉特委就职,而是继续留在中共汉阳县委,和林仲丹、欧阳梅生等共同战斗。

今中共汉阳县委遗址

正当全省积极准备举行年关总暴动的时候，中共中央也开始调整此前的部署，于 1928 年 1 月 20 日去信给在武汉的中央巡视员指示："反对即刻举行暴动"。然而就在年关前夕，由于武汉国民党当局破获了中共湖北省委地下印刷机关，暴动宣传品全数落在敌人手中，暴动计划泄露。许多暴动领导人和部分骨干被捕或被杀害。"仅在除夕前夜和除夕当天，就有 70 多名共产党员遭到逮捕并且被枪杀"。失去了组织者、领导者和骨干力量的年关暴动，其实归于流产，已经无法继续开展工作。许多工人运动领袖和工人被屠杀，工人运动遭到严重挫折。湖北省总工会和各级工会组织也相继被破坏。同志们的心情都很沉重，但龙大道还是打起精神，积极安慰着大家："要怨也只怨我们对形势估计不足。可是，抱怨情绪对一个革命者毫无用处，我们要总结教训，还得坚持干下去！"

1928 年 2 月，年关暴动失败后，武汉国民党反动派的捕杀行动还在持续，并有愈演愈烈之势。2 月 12 日晚上，龙大道和林仲丹、欧阳梅生秘密开会，就当前形势交换意见，决定由欧阳梅生起草给中共湖北省委的紧急报告。寒冬腊月，欧阳梅生支撑着写完最后一页，突然昏倒，不省人事。直到第二天宵禁解除才送医院抢救，但已回天无力，溘然长逝，时年 33 岁。龙大道非常痛心，面对革命同志的妻子和孩子，他深切地承诺道："梅嫂子，梅生死了，他的家，也是我们的家，我们会尽力照料你们的。"此后，无论革命身处何处，尽管时局动荡不安，龙大道依然和陶承一家始终保持着往来。

由于反动派进一步加强了戒备、防范，加之其对共产党员、工农革命群众的血腥镇压有增无减，为了保存革命力量，再图发展，组织上指示龙大道等革命同志迅速隐蔽疏散。不久，龙大道接到上级指示，要去上海。

## 革命间隙的爱情理想

年关暴动前后，龙大道的革命工作一直非常紧张。当时正值隆冬季节，寒风如剑，而金翙群的产期早已将近。前来照顾妻子的岳母，为了减轻龙大道的斗争顾虑与负担，向他提出要将女儿接回镇海瀣浦老家分娩。虽不舍夫妻分离，但龙大道更不忍金翙群随他继续奔波受累。思虑再三，在同妻子多番关心嘱咐后，龙大道于汉口码头亲自送金翙群和岳母踏上了长江轮船，并托人一路照应。

龙大道是在上海革命期间，于1927年3月下旬，经由闸北丝厂的一位女工代表介绍，结识金翙群的。那时，金翙群是上海景贤女子中学的学生代表，也是闸北区的政府委员。两人相识后，龙大道得知金翙群曾任宁波地委妇女部部长等职，因为表现进步，故被组织选派到上海读书。在共同的目标和事业中，由组织决定金翊群协助龙大道工作（以夫妻的名义）。经过多次的接触、交往，龙大道对这位富有革命思想的女同志很有好感，金翊群也对他产生了真挚的感情。于是不久二人成为真正的夫妻，建立起了一个简朴的家庭。

送别妻子之后，龙大道更是全身心地扑到了斗争工作之中。但在革命的间隙，龙大道也始终挂心着远在镇海瀤浦老家的金翊群。他想起自结婚以来，金翊群就一直跟着他奔波革命，要操持家务、接待同志，还要秘密联络、掩护机关、输送文件，有时也到工人夜校去教书，吃了不少苦，但她从来没有丝毫怨言。妻子默默的支持与付出，龙大道一直看在眼里，记在心中，每每想起，更觉思之甚之。

1927 年冬和 1928 年 1 月下旬，龙大道接连给金翊群写去两封信件，满载了他深深的情思。

第一封信写于 1927 年冬，龙大道刚与妻子分开：

> 你去了这多时，我以为你至少总有一大包的信存在刘培基① 那里。

---

① 刘培基，龙大道同乡，当时金翊群给龙大道的信就是通过他转递的。

我因事忙差不多有一个多礼拜没有到汉口，心里总在记着你临别时嘱咐我的话："要我写信由培基处转，你不要一月半载不去一趟。"

　　可是你说的话与事实竟是好像两个样子，给我很大失望！

　　前天我汉口有事特别抽出时间去培基处想看你的信，在未到前心里不知抱了若大的愿望，结果愿望变成空望一场，我的爱！

　　你叫我心怎样？你是没时间写吗或者是不能写？——或者写不出来！叫我在孤独、寂寞、难过——痛苦中，不仅寻不着安慰，反而增我无限的痛苦，在我俩别后第一次回忆的时期里。

第二封信写于 1928 年 1 月下旬，龙大道迟迟未收到妻子的来信：

　　别后我马上搬到工作地来了，十四日已经退租。

　　但别后的景况难免脱不掉孤独、寂寞、难过……事实上要使我们暂时的别离是没有办法的。

　　同在一块时，无论如何总想不到分离后的滋味。痛苦究竟怎么一回事，现在虽然没有领够，实际上已经是不得了，恨不得我惟一的爱，我惟一的安慰者马上仍然回到我的身旁，真不愿意以后再有别离一天半日。

你到底到了家没有？小孩子近日怎样？你的身体自有他以来不是大病便是小病的绵缠着你，希你要十二万分的珍重自己，少跑不要多动，——这是我最不放心的！

近日学校功课因要赶大考非常之吃紧，①我很难抽出许多时光来作我的近状报告，除精神上因你别离的关系外，物质和其他尚安适，勿须劳你挂念。

彼时远在镇海澥浦老家的金翊群，一收到丈夫的来信，便迫不及待地拆开翻阅。信中言辞之恳切，让她对龙大道的思念之情也如泉涌，耳边更是回荡起爱人曾同自己说过的话：

小妹，革命者也是人，也有情爱。可是一切真正伟大的人物，无论古人今人，没有一个是因爱情而发狂的人。培根的话是对的，"伟人的事业抑制了这种软弱的感情，即使心中有了爱，仍要约束它，使它不妨碍事业"。

---

① 系暗语，实指当时龙大道等筹划汉阳工人举行年关暴动，工作异常紧张的情况。

龙大道画传

革命者的爱情是赤诚的。他们忠诚坦白之对于爱，一如他们忠诚坦白之于党。在龙大道的心中，他和妻子金翊群，不仅是心心相印的伴侣，也是风雨同舟的革命战友。他们的革命爱情是珍贵的，早已超越一人一家，与党和人民的事业联系在一起。

1928年1月26日（农历正月初四），金翊群在镇海澥浦老家平安生下了一个男孩。这个喜讯对日夜奔走于地下工作的龙大道来说，无异于一个强心剂，更加振奋了他的斗志。就在金翊群踌躇于孩子取名之时，龙大道又寄来了一封信：

孩子就叫"支雯"。支字四划，雯字十二划，希望你和

龙大道夫人金翊群与儿女的合影。中为龙大道夫人金翊群，左为龙支雯，右为龙英尔

孩子牢记"四·一二"事件中牺牲的战士……

"支雯"二字寄托了龙大道对四一二反革命政变屠杀革命人士的痛恨，更饱含他对广大牺牲同志的深切怀念与敬仰。缅怀先烈，传承遗志。龙大道期待着孩子们也能够继承自己的革命志向。后来，女儿出生后，龙大道又为她取名"英尔"，即英特纳雄耐尔① 的缩写，以表达他为共产主义事业奋斗到底的决心。

1928 年 2 月底，在儿子龙支雯刚满月之际，龙大道奉命离汉返沪。于是，他决定前往镇海瀣浦老家看望妻子和孩子，想要接他们母子一同前去上海团聚。这是龙大道第一次来到瀣浦岳母

龙大道进行革命活动
时穿过的上衣

---

① "英特纳雄耐尔"是法文"国际"的意思，也是马克思、恩格斯亲自建立和领导的"国际工人协会"即第一国际的简称。

家，他特意穿上笔挺的藏青哔叽西装，戴一副金丝边眼镜，清爽利落的平头，一改往日的风尘仆仆，显得特别精神。金翊群从没见过丈夫穿西装，她问龙大道，"哪来的西装？"龙大道则腼腆地回道："向朋友借的。新女婿上门，当然要打扮一下。"

在瀣浦的时间虽然很短暂，但却是龙大道夫妻二人难得"岁月静好"的珍贵时光。除了陪伴家人之外，龙大道也在积极地感受着此处的革命氛围，并在同当地渔民、农民等的交谈中，注意到当时"左"倾盲动错误影响下的武装暴动在浙江造成的损失。此前，中共浙江省委因杭州无法立足，曾于1927年底将机关暂迁至宁波，继续领导浙江的革命斗争。但由于时间有限，龙大道没有能够深入分析当时浙江的革命形势。

几天后，因为组织的工作需要，龙大道与金翊群不得不将刚刚出生一个月的儿子龙支雯留在宁波由外祖母抚养照料，一同匆匆赶往上海，继续投身革命事业。

履职浙江　临危砺志

LONG DADAO

1927 年大革命失败后，中国的革命形势是复杂而严峻的，龙大道肩负的革命任务更是繁重又艰巨的。1928 年 4 月底，龙大道于关键时刻由组织调任浙江工作，担起了联系工农、恢复组织的重任。其间，他深入调查研究，先后亲赴天台、宁海、温州、诸暨等地，为后来浙江全省各地党组织的恢复和发展做了很多工作。

## 关键时刻调任杭州

1928 年 3 月，龙大道和金翊群回到了上海。适逢原定 2 月中旬在上海召开的浙江省党员代表大会，因故延期至该月召开。后龙大道得知，中共浙江省委（简称"浙江省委"）自 1927 年 6 月成立以后，就一直处于严重的白色恐怖中，斗争环境极端艰险。省委机关及省内各地党组织更是屡遭破坏，损失惨重。1928 年 1 月，浙江省委曾连续两次向中央报告表示，在国民党反动派的严酷清剿和秘密杀戮下，省委 11 人中被捕被杀的共有 7 人，剩余 4 人中，3 人外出，1 人留家。因此省委机关很难建设，要求中央派人回省充实常委。

为了讨论当时的浙江政治形势和党的任务、党的组织等问题，1928 年 3 月 14 日至 16 日，浙江省委在上海召开了一次省委扩大会议。这是由于原定的党员代表中很多人未能及时到会，除

白色恐怖下反动派屠杀革命群众

浙江省委的几位委员外，只有杭州、宁波、萧山、永康、奉化、永嘉、瑞安、宁海、温岭、嘉兴等地党组织的代表出席，故浙江省委只得改原省党代表大会为省委扩大会议。刚刚回到上海的龙大道也到场参加了这次会议。时任中央临时政治局常委、中央组织局主任的周恩来代表中共中央出席会议，并在会上作了全国政治状况报告。

周恩来指出，过去共产党犯了机会主义的错误，将无产阶级领导的国民革命断送了，因为领导革命失败，便产生了党的新政策，即"工农阶级直接武装暴动夺取政权——和党的反机会主义运动"。但这种政策不是机械的、呆板的，而是要按照各地客观形势灵活运用的。根据周恩来的报告精神，会议通过了《关于浙江党部目前政治任务决议案》《浙江职工运动决议案》《农民运动决议案》《关于改造党的组织决议案》等四项决议。会议还改组了浙江省委，由夏曦继续担任省委书记，张松生、邵荃麟、卓兰芳为常委，龙大道等 6 人为委员。

尽管省党代表大会改为省委扩大会，但作为浙江省委成立以来一次十分重要的大会，"省委对各地情形，亦较前明瞭，负责同志对党的政策，亦渐了解"。会议不仅明确了"浙江党目前的任务是激发和领导群众的斗争——改组党的组织，肃清机会主义的遗毒，以达到武装暴动的前途"，还科学总结了浙江省委近期的重点工作，即"以武装暴动推翻国民党、建立苏维埃政权为工作总目标；极力设法深入工农兵群众；发动群众的一切日常斗争，由小到大引导群众发展革命高潮；发展职工运动，树立革命的中坚势力，同时将农运的领导转移到贫民；在斗争中改造党的组织；努力扫除机会主义、盲动主义的错误，创造新的工作方法"等六项任务。

由于浙西、浙南等地代表缺席较多，会议结束后，浙江省委委派卓兰芳和管容德（后叛变）分别担任两地的特派员，负责前往召集各县负责同志举行会议作传达贯彻，"改组各级党部，规定各县工作具体计划"。浙江省委机关则于 4 月 1 日由宁波迁回

四一二反革命政变后，由于
国民党对革命的残酷镇压，
浙江党组织屡遭破坏，损失
惨重，党中央决定加强浙江
省委的工作，调龙大道任省
委常委。图为浙江省委机关
旧址

杭州。龙大道也在抓紧熟悉浙江的政治形势及革命迫切任务。

1928 年 4 月底，考虑到龙大道长期在各地从事工人运动，经验丰富且表现突出，中共中央即派其前往杭州，就任浙江省委工人部部长。金翊群也随龙大道一同来到浙江。此时的夫妻二人，经过数次生死考验，对待革命的认识和从事斗争的能力都已经比较成熟。此前不久，他们得知革命战友罗亦农在从杭州抵达上海后，因被叛徒何家兴夫妇出卖，被英巡捕房抓走后不幸牺牲。龙大道感到十分悲痛，但面对妻子金翊群对于共产党员中有无耻叛徒不是很理解的想法，他耐心地分析道：

　　　　革命是艰巨复杂的，反动派随时随地、千方百计摧残革命，他们或是收买我们党内的意志薄弱者，或是派奸细混入

　　　　　　　　　　龙大道画传

我们党里来。所以我们时时处处要提高警惕，严格保守党的秘密。那些狼心狗肺的无耻叛徒，辜负了党的教育培养，党是决不会饶恕他们的。不管他们逃到什么地方，总有一天会受到应有的惩罚。

龙大道在浙江省委工作期间，曾化名"希圣"，以中学教师为名，住在杭州皇诰巷

化悲痛为力量将革命进行到底。龙大道和金翊群决定更加努力地做好革命斗争工作。在杭期间，金翊群通过同乡高日升在杭州万春渔行当账房的关系，在隔壁的皇诰巷租了一间房子，和龙大道住了下来，以家庭作掩护，隐蔽从事活动。为了不引起高日升和其他邻居的怀疑，龙大道化名"希圣"，对外称是一位中学教师。事实上，在高日升等人眼里，龙大道的确书生气十足。他既不喝酒，也不吸烟，每天"工作"后回家，手里总是拿着几份报刊，读书、看报便是他唯一的嗜好。甚至工作繁忙时，龙大道还会利用吃饭时间，一边吃饭，一边看报。有时候深更半夜，他也非要把报刊看完不可，家中的灯亮着，就像是在埋首"备课"。

自龙大道和金翊群在这里安家后，浙江省委的主要领导也常来此碰头开会，研究工作。但是党内工作需要绝对保密，因此每当有同志到这里时，龙大道都会在桌上放一副麻将牌，伪装成打麻将的样子，以便应对随时可能发生的险恶情况。而在他们谈话讨论的时候，龙大道则会派金翊群一边烧茶水，一边警戒观察外面的动静。此外，为了方便龙大道同省内外的通讯联络，有一天，金翊群在同丈夫商量后，找到高日升试探性地说起："日升哥，我们有一些信件寄到这里，怕邮差找不到，要不寄到万春渔行，请你转交给我们吧。"好在龙大道和金翊群一直以来伪装巧妙，高日升不疑有他，满口答应。通讯联络的问题就这样顺利解决了。

## 工运和建党"两手抓"

　　大革命失败之后，杭州的党组织损失很大，工人、农民运动也一直处于低潮。经过一番调查了解后，龙大道发现杭州的工人党员已经不多了，只有个别比较大的丝绸厂仍有支部，大部分厂中只剩下个别党员，而且许多工人因为身处白色恐怖之下，暂时也不敢接近党组织。面对这样的工作情况，龙大道没有气馁。他冷静分析后判断，杭州工人运动还是有基础的，只要集中力量、方法得当，一定能够把工人工作整顿起来，把群众兄弟发动起来。

当时中共浙江省委尚未建立专门的秘密机关，龙大道就采取个别联系的方式，经常到工人集聚地区开展活动，积极和工人兄弟碰头谈话。考虑杭州在印刷工人上已有发展，龙大道将城市工人工作的重心更多地放在了打入交通等重要产业的工人群众中去，他经常派人到丝织、铁路、汽车等行业的工人中去联系，同时积极深入电信局、汽车站、电力厂等单位去争取工人，初步打开了杭州这些行业和单位的群众工作局面，成功发展了20多位党员。

正如首届中央监察委员会委员刘九峰（又名刘峻山）同志对龙大道在浙江省委工作期间的回忆："龙大道同志生活艰苦朴素，工作深入细致，积极负责，平易近人，能同群众打成一片。"通过这些细致科学的工人工作策略，龙大道让零星分散在杭州各处的共产党员再次看到了组织的力量，革命斗争的士气被重新提振起来，许多工人群众也敢于主动向组织靠拢了。

1928年5月，浙江省委决定派出书记夏曦前往莫斯科，参加即将于6月份举行的中国共产党第六次全国代表大会。为了保障省委机关的领导力量和工作开展，5月16日，中共临时中央政治局留守常委会召开会议，决定改组浙江省委，由卓兰芳继任书记，增加张静山、龙大道、李硕勋、陈兆龙为省委常委，并明确卓兰芳（当时在浙西一带刚刚开展工作）未到杭州前由龙大道代理。

为同龙大道交接好省委的工作，1928 年 5 月 22 日，夏曦由沪返杭，并于次日召开了党团省委联席会议，龙大道等省委、各地县委和团组织代表出席会议。会上，由夏曦报告中央对反日运动意见，并由集体讨论其所提出的"浙江反日工作计划"和"浙江党目前工作决议案"。会后，夏曦没有立即离杭返沪，而是特意到龙大道家中住了几日。其间，他向龙大道详细交代了浙江省委的各方面情况，以便龙大道能够快速接手工作，二人还一度共同研究了浙江今后的革命发展。临走前，夏曦将一条毯子送给龙大道作为革命纪念。

1928 年 5 月下旬，龙大道全面担起了主持省委日常工作的重任。在前期联系工农群众的局面打开后，龙大道开始把更多的工作精力放在了全省党的建设上。他对发展党的组织非常重视和谨慎，在抓紧重建杭县县委一事中，龙大道接任后做了很多工作。根据当时西镇和杭县党员人数不断增加的状况，浙江省委决定召开杭县党员代表会议，通过选举重建杭县新县委。在龙大道的参与和领导下，杭县党员代表大会选在党的基础最厚实的鸭兰村千亩墩太平庵召开。会议首先选举曹素民为县委书记。接着由龙大道代表浙江省委向到会 20 余名同志作讲话，他详细分析了浙江斗争形势，部署了下一阶段党的工作要求，并提出希望，要求全体党员要团结工人农民，发挥党员的先锋骨干作用，推动浙江和杭州的工人运动、农民运动。这次会议开得很顺利，尽管一直开到后半夜才散会，但与会代表们都很活跃，这让龙大道深感大会是有意义的，革命更是顺民心的。

为了便于省委地下革命活动开展，1928年9月，浙江省委以崔晓立（化名邵林书）与江闻道、陈庆亨等合资开设在杭州新民路（今解放街）丰乐桥（今解放桥）附近的"我等书店"为掩护，实是将其作为省委的秘密通信地点和活动场所，并由省委宣传部负责人崔晓立出面任经理。当时书店楼上是崔晓立的寝室兼会客室，平时省委的一些会议就在这里召开，有时省委干部也会在这里与其他同志秘密接头。江闻道在回忆中也曾就此说道，"不是一个单纯的书店，而是供省委及其他同志接头和开会的场所""龙大道等省委同志以及从温州来的逃亡同志都是座上客"。

龙大道确实是"我等书店"的"老主顾"和"常客"。他不仅会和军委书记李硕勋等省委同志专门到书店谈工作，还经常化名在当时书店寄售的由浙江省委创办、崔晓立主编的党内油印刊物《湖波》上发表政治文章，影响不小。有时，龙大道也会借书店秘密开展发展党员的工作。其中，江闻道便是在"我等书店"经过龙大道的深入考察后，正式成为共产党员的："邵林书（即崔晓立）和陈庆亨是我的入党介绍人。起先由龙大道同志与我谈了整整两个半天的话，过几天他叫我去参加入党仪式。在举行仪式时，墙壁上贴一张红纸作党旗，桌子上放着一副麻将牌，伪装成在搓麻将的样子。"

可见龙大道对要求入党的同志是十分严格的，找他们谈话时，一谈就是半天，还要经过详细考察和认真研究后，才正式同意让入党的同志参加入党仪式。1928年12月，"我等书店"被国民党反动派察觉遭到查封，但它存在之时确为龙大道等省委同志的隐蔽斗争提供了便利条件和安全场所。

## 四个月内三下天台

大革命失败后，白色恐怖遍及城乡，党的工作无论城市工运还是乡村农运都显得更加艰巨，更加需要深入细致，也更加需要斗争勇气。在浙江省委工作期间，龙大道除了在杭州开展工人运动外，还要经常到外县（尤以浙南地区为主，如黄岩、温岭和温州等县）宣传农民、发动农民，为进行土地革命准备条件。

根据《中共浙江省委扩大会议关于浙江党部目前政治任务决议案》，1928年间的浙江革命被分为浙北、浙东、浙南、浙西和浙东北五区。由于奉化暴动失败后浙东和浙北只能"注重职工运动及破坏反革命军队的工作"，浙西和浙南被赋予了在短时间内发动农民游击战争的重任。浙江省委关注到浙南台属各县党员人数渐增和农民革命情绪高涨的现时情形，认为台属各县"经过一段短时间的准备和斗争发展，应该是一个乡村暴动的前途"，并于1928年4月12日通告要求温岭、天台等县要以"日常斗争"作为其此后工作的中心，包括：组织雇农加价委员会，领导发动雇农增加工资的斗争；发动自耕农的抗粮斗争，如反对田赋附加之军事特捐和田赋旧欠；发动贫农进行闹米斗争，"可先从减低米价，阻止谷米出境"做起，然后发展到没收地主粮食；宣传不交稻租和麦租，要抓住地主与农民的一切冲突，发动斗争。

台州和温州等浙南地区的革命重要性就在这一背景下凸显出来。由于长期以来土地非常贫瘠，山多田少，台温各县贫农占大多数，民风强悍且"反抗性非常强"，常处于暴动政略边缘。于是台温两地以日常斗争为契机，反而较好保留了组织发展的基础，并进而成为浙江革命的重心。到1928年4月，临海、宁海、温岭、天台、黄岩和仙居等浙南台属六县共有党员2800余名，占全省党员总数40%以上。但是由于此前大革命失败后很长时间内，浙江省委将革命攻略中心定位于浙东和浙北，"浙南台属各县与省委关系原来不狠（很）好"。1928年4月中旬宁海斗争失败后，浙江省委派张静山前往浙南台属各县巡视，不料张静山因胆小懦弱，并未赴浙南而中途离开了党（后报告中央开除），致使各县近一月间未曾得到省委的指示，工作受到很大影响。故

1928年5月底浙江省委收到消息后，立刻改派龙大道前去浙南台属各县巡视。

1928年6月初，龙大道以省委特派员的身份，在中共浙南特派员管容德（后叛变）的陪同下来到天台，考察天台地下党的工作和情况，帮助县委整顿党的组织。那时，台州唯有天台的地下党组织最是活跃，仍在活动，不仅建有6个区委、44个支部，党员人数更快速发展至500多人。为了准确把握天台地下党员激增的问题，龙大道一到天台，便在时任县委书记袁佐文的陪同下，

龙大道到天台巡视工作时，曾住在当时县委书记袁佐文家。图为袁佐文家旧址

先后组织、参加了活动分子会、支部会、区委会等许多会议，通过开会先普遍地了解天台党组织的情况，并且每次会后，龙大道都会与袁佐文再作谈话，反复告诉他："天台党发展快，但素质不高。一定要注意阶级和传统的思想教育，要采取巩固与发展相结合的方针来发展壮大党的组织。"

与此同时，龙大道还非

常注重到群众中去，听听大家是怎么说怎么想的。在天台时，为了便于调查巡视，龙大道多住乡下，他自称姓苏，生活朴素，和农民群众也很亲近，大家都管他叫老苏。因此，龙大道常常会通过拉家常的方式，耐心询问这些党员同志，"你是怎么参加共产党的？共产党的目的性是什么？"常有党员回答不上来，这就使龙大道发现了问题。他不曾对党员采取批评的态度，而是采取鼓舞人斗志的方式。由于龙大道平易近人，说的话又很有道理，大家对他都很相信，也愿意按照他说的去做。正是通过这样从上到下的层层调查，龙大道了解到这里的党组织发展党员并不十分严格，往往只要相互熟悉，并认为可靠，就介绍发展进来了。

组织发展的革命势头是好的，但是组织的力量和作用，既取决于党员数量，更取决于党员质量。龙大道认为，发展党员是党

龙大道曾在浙江省天台中学指导党支部的工作。图为天台中学

内一项十分严肃的政治任务，天台在这方面是存在问题的。因此，在充分了解情况后，龙大道在县委会上明确提出：

（一）天台地下党的发展是比较快的，几个月功夫从无到有，从没有人到现在几百人的队伍，三级（支部、区委、县委）机构也建立了。缺点是负责人、领导人缺乏经验，对今后工作怎么做心中无数，对党员作宣传与教育工作不够，有部分党员对参加党的目的性还不够清楚。（二）今后要加强党员的学习，领导人本身更要加强，对党员要加强革命目的性的教育，今后发展党员一定要做到巩固与发展相结合，必须采取巩固与发展相结合的方针进行。

除了指导天台各党组织的整顿和建设工作之外，龙大道在浙南巡视期间，出于加强浙南台属各县的领导力量和保障各党组织、同志安全的考虑，还对天台、宁海、临海等县委的领导成员作了部分调整。他把天台县委委员周炳文调到宁海工作，提升石瑞芳为天台县委委员身份，同时安排宁海斗争失败后潜入天台的四位同志包定、梅其彬、叶其蓁、陈祥进入县委协助工作，另在临海设县委委员6人，并指导建立黄岩县委和代行县委职能的仙居县中心支部。

龙大道到黄岩县参加党代会，针对发展党员工作的问题做了提高发展党员质量的指示。图为黄岩县党代会会址

　　"虽然浙江过去党对于农村工作表现许多错误"，导致革命陷入低潮。但浙江"农民阶级在封建式的剥削和压迫之下经济破产，斗争需要迫切"，各地农村从夏季斗争到秋收斗争，"日常斗争到处发展"，此起彼伏。以诸暨地区为例，该县县委在 1928 年间就比较广泛地发动农民进行过较大规模的减租斗争，并于同年 6 月 22 日在龙大道的指导下，作出了发动农民开展减租减息、抗租增资的决议。这种以抗租和减租相结合的日常斗争，极大促进了浙江革命在农村地区的发展。当时，龙大道等浙江省委同志收到的各地报告中，都说农民在准备抗租的斗争。浙江省委为了适

1928 年 6 月 22 日，龙大道代表省委到诸暨县参加县委会议，并指导该县开展减租减息抗租增资的斗争。图为诸暨老县城旧貌

应整个形势局面变化的需要，决定在全省范围内掀起减租反霸抗荒斗争。

1928 年 7 月，浙江省委指派龙大道为浙南巡视员，加强对台属各县党的工作的指导。随即，龙大道第二次到天台检查指导工作。这次他的主要任务就是检查上次部署工作后天台县委的贯彻执行情况，并指导天台县委做好秋收斗争和抗租减租斗争的周密准备。同时，根据"为使台属六县工作能互相适应配合与便利指导起见，省委认为有组织台属特委之必要"指示要求，龙大道在此次检查指导浙南台属六县工作过程中，也正积极着手筹措浙南特委。

在天台期间，通过深入实际的调查研究、开会座谈和听取报告，龙大道在天台县委诞生地——四果洞召开了一次扩大会议。会上，龙大道肯定了 6 月以来天台县委在工作上取得的成绩，并为了解浙南的党组织情况，龙大道到天台县深入调查，在天台四果洞召开全县党员代表大会。为防止敌人的搜查，龙大道决定会议中途转移地点，傍晚时分，四果洞果然遭到敌人的袭击。图为"四果洞"

就县委后续工作提出了新的要求和指导，"党的发展要通过斗争，不是开会讲话就能巩固和发展的。要通过斗争实践才会巩固和发展"。当时，台州地区正在进行"二五减租"，国民党也张贴布告要搞"二五减租"。龙大道在会上明确指出，减租是假，庇护是真。"二五减租"实际只是包庇地主，维护他们的利益。要通过开展斗争来揭露他们的阴谋。他还指导县委要组织农民协会，把广大群众紧紧团结在党组织周围。同时，根据浙南台属各县的具体情况，龙大道对天台县委的部分领导人员作了再次调整，他将袁佐文（已经暴露政治面目，改任临海县委书记）、梅其彬二人调往临海，由石瑞芳任天台县委书记，包定任县委常委，其他委员则未更动。

当时正值青黄不接之时，恰又逢天旱，粮食面临歉收，地主趁机抬高粮价，贫苦农民因买不起粮食而受饥挨饿，生活十分艰难。对此悲凄景象，龙大道十分痛心，他指示天台县委，在欢岙开展平粜斗争。随后，天台县委将机关移到欢岙，并在欢岙瓦窑村召开党员大会，发动平粜斗争。龙大道亲自到会指导，并指示天台县委的委员要亲自下乡，对基层党员多做思想教育工作。后经讨论研究，天台县委决定由地主家庭出身的党员带头平粜，并由家庭贫困的党员领头，带领群众去买平价粮，粮价按市价对折计算。由于党员干部在平粜中的带头作用，群众积极性空前高涨，天台的这次平粜斗争取得了胜利。尽管斗争之时龙大道已离开天台回到省委机关，但得知这一胜利消息后，他感到十分振奋。

鉴于台温两地的实际斗争情形，为便于领导台温两地区的秋收斗争，1928年8月16日，浙江省委明确指示："台温为一斗争区（台属六县、温属四县），以台属临海、温岭、宁海，温属永嘉为斗争中心区域。省委以决定在月内成立浙南特委，指挥各区域的工作。"9月23日，结合龙大道此前在浙南各地指导实践的检查反馈，浙江省委常委会通过《关于台属各县工作方针》，进一步要求，"在秋收斗争中为台属六县各县工作更便利迅速指挥和相互适应起见，省委决定召集台温各县联席会议，成立浙南特别委员会"。其后，浙江省委决定派龙大道前往天台主持中共浙南特委的成立大会。

由于斗争形势发展，省委决定成立浙南特委，龙大道多次到天台县蓝田村召开温州、台州两地的党员代表大会，传达中共六大精神，成立中共浙南特委，特委机关设在海门。图为蓝田村全景

　　9月下旬，龙大道第三次来到天台，是有特殊任务在身的，即筹备浙南特委成立大会。他一到天台，就立即布置温州、天台、黄岩等地选派代表出席会议，并决定将大会的举办地点定为蓝田村梁子考、梁人泉的家里。这是由于当时蓝田村不仅建有一个可靠的党支部，而且地处桐柏山区，离县城约十里，四周山峦重叠，既方便往来又便于隐蔽，龙大道认为非常符合特委成立大会的秘密要求。同时，他还委托天台县委安排党员在会议期间于村边山岗放哨巡逻，以加强对县城敌人的监视。当时，出席会议的人员有省委特派员龙大道，中共六大的浙江工人代表黄祥生，台属代表管容德（后叛变）、王逸仙、钟鼎文、袁佐文、石瑞芳、包定等8人，以及温属代表林去病（是由龙大道找来的）1人，

梅其彬列席了会议。

会议在龙大道的主持下一共开了三天。第一天传达中共六大精神。此前9月初中央巡视员陈潭秋已来浙向省委传达大会精神，但因交通等多方面限制，省内各地未全数收到指示。会议特别安排黄祥生就中共六大精神作详细报告，也是出于保证特委内部思想认识正确，以便后续工作开展的考虑。第二天讨论。由龙大道等与会人员围绕中共六大精神、特委今后发展等内容作充分交流。第三天选举特委委员。会议正式选举产生中共浙南特别委员会，特委委员由管容德（后叛变）、林去病、王逸仙、钟鼎文、袁佐文5人组成，管容德（后叛变）为书记，林去病、王逸仙2人为常委，并决定特委秘密机关设在海门（今台州市椒江区）杨步周家。这是台温两地最早建立的党的特委组织。

中共浙南特委设在海门的机关旧址

会议结束后，龙大道离开天台前往海门，继续部署加强特委领导，恢复浙南各县党的组织活动等有关工作事宜。后浙江省委根据龙大道的报告和策略方面的讨论，最后形成决议案，并作为"浙南特委目前工作方针"。龙大道作为省委巡视员，在1928年6月到1928年9月的四个月时间里，三次经过或前往天台县委及各地实地调研、考察和指导的工作至此也告一段落。

在这个过程中，龙大道为推动浙江全省工农运动和建党工作的积极、健康发展做了大量的工作。他特别注重要让党员到群众斗争中去锻炼，而他自己除了天台之外，还曾先后到宁海、温岭、黄岩、温州、诸暨等地，积极发动群众成立农民协会，组织减租减息斗争，整顿和恢复党的组织，同时不失时机地指导当地工农运动。

在龙大道等浙江省委全体同志的努力下，浙江各地党的组织有了较大的恢复和发展。到1928年9月，全省20余县有了党的组织，其中成立县委的有10多个县，而这些成绩中也不乏龙大道在浙工农运动和建党工作的心血与汗水。1928年11月，为了进一步贯彻中共六大精神，浙江省委作出在年底召开全省党的代表大会的决定，通过了新省委组成名单，并于11月20日呈报中央审批。浙江省委再次改组，但此前中央已决定调龙大道回上海另行分配工作。

LONG DADAO

1929 年的中国革命依然处于低潮，党的工作极其艰苦，党员的工作调动也十分频繁。此间，龙大道在党中央指派下，即使面对严重的白色恐怖，依然坚持在上海与安徽芜湖、六安，以及江西景德镇等地之间，往返革命、开展斗争，这样的历程何其艰辛又何其伟大。

## 数次往返皖西南

1928 年 12 月，龙大道由浙江回到上海工作，后受党中央指派前往安徽芜湖从事革命活动。1929 年 1 月，龙大道和金翊群到达芜湖，但因迟迟未见当地组织派同志接头，加之白色恐怖下，尚不知其他秘密联络地址，龙大道只得带着妻子转回上海，并向组织汇报此行情况。不久，龙大道再次只身前往芜湖，根据中央工作部署的要求，积极深入工人群众，组织领导工人运动。

当时，芜湖为中共安徽省临时委员会（简称"安徽临委"）所在地，实是安徽革命运动的指挥中心，党中央也很关注此处的革命形势。1929 年春节前夕，龙大道收到中央指示，随即动身从芜湖赶往六安执行一项紧急任务。这是由于此前安徽临委书记尹宽与中共六安县委书记王逸常在 1928 年秋冬之际，"针对秋收的实际"是否"立刻暴动"存在较大分歧，且始终未能统一意见。于是，"中央指示要尹宽和王逸常回到上海去研究"，同时，决定

派出正在芜湖开展革命又善作调查研究的龙大道即刻前去六安了解暴动实际情况，以供最终决策参考。

1929 年 2 月 5 日，龙大道在中共潜山县委书记王效亭的陪同下，离开芜湖前往六安作调查研究。本来组织上考虑到当地境内山脉纵横、交通闭塞，特别拨给经费，批准两人雇轿。但龙大道向来节俭，根本不舍得花钱，主动要求徒步前行。为了隐蔽，王效亭选择尽量走崇山峻岭间的野径山道。寒冬季节，山间冷风呼啸，雪有三尺厚。二人出发后，为了尽快赶到目的地，每天至少走上 50 多里的路，有时还要走夜路，龙大道的双脚很快就起了

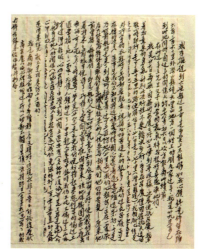

1929 年春节，龙大道
在安徽潜山写给妻子
金翅群的信

泡，但他依然咬着牙关前进。

此间路途之艰辛，可散见于龙大道 1929 年 2 月 11 日在从芜
湖去六安途中写给妻子金翅群的信（节录）：

　　我是廿六日离芜，因芜与［离］安庆正好如上海到宁波
一样，次晨便抵安庆。我本着我素来的勇气，计划此行程不
乘轿，决步行。当日在安庆仅因雇挑夫逗留数小时即行，走
了五十五里的路便宿住了。廿八日走了七十里（潜山县境），
我的脚已经是走不动了。同行的王君他很好，他的脚一点不
觉得什么。廿九日预程要行一百零五里。

从安庆到此间不仅路不好走，而且延［沿］途都有土匪，时出时没，行人被抢者不少，我们来时——就是现在也是一样。经过大雪之后（三尺余深），虽曾晴天连日，平地的雪促［逐］暂［渐］在溶化，山岭上的雪仍然一点不动，所来的一节路多为泥沙地，正雪溶中，多么难行！……我们勉强的行了一百零五里，且行夜路，心里到［倒］也安静，虚惊少受。闻从此到六安县也是一样，土匪络译［绎］不绝，离此之日到六安县之时，正不知道要什［怎］样过日才好，这才是所谓行路难，祸福很难预知的。安庆、潜山、霍山、六安各县，皆住［驻］有大军，不是无；然土匪偏在大军住［驻］扎附近抢的［得］特别要凶，真奇怪！国家养兵原来为的什么，到［倒］引起此间一般人有此［些］怀疑。此间都有一种普遍的现象，都说蒋桂快将打仗，兵是用来防大敌，不是用来防小土匪的。

我走痛的脚在前昨两日寸步难移，今天稍好，照现状非三五日不能恢复原状。


因过年的关系，赶了五天路程的龙大道暂时"停留在隔六安三百六十里外潜山县境天堂山地方一个姓王的朋友家过年"。感受着此间群众义气与真情的龙大道，虽也十分郁闷于严重的白色

　　　　　　　　　　　龙大道画传

恐怖，但他更坚信革命的力量终将在革命性的锻造中更加坚强，因为党始终与人民群众同在一处。由此，面对当时复杂艰难的革命形势和在皖期间的所见所闻，心情有些复杂的龙大道，先后写下了《天柱峰》《窗前鹊》两首诗：

### 天柱峰

皖山源大别，雪后万岭白，

奇哉天柱峰，独不见雪色。

### 窗前鹊

喜鹊窗前叫，俗谓佳音兆，

依俗姑谈俗，有何堪值报？

以诗寄意，诗以诉志。不久，龙大道又和王效亭匆匆踏上了前往六安的山路，最后终于走出了百里大山，到达目的地。龙大道将省下来的经费交给当地党组织，并满怀歉意地对一路陪同的王效亭说道："为了省几个钱，让你跟着受累了。"王效亭极其赞佩龙大道的节俭精神与执着毅力，笑着回话道："老龙呀，这一行我算开了眼界，你这个'钦差大员'，不光手紧抠门，还这么吃苦耐劳，你是个真正的共产党人！"随后，龙大道很快便开始按照党中央的指示，调查解决关于是否"立刻暴动"的问题。

龙大道对此处的县委书记王逸常并不陌生。王逸常不仅是与龙大道同批成为中共候补党员的上海大学社会学系同学，还曾与他同编在一个党员小组。但在此间的调查工作中，龙大道不曾夹带私人关系的成分。1929年2月底，龙大道回到上海，将六安之行的调查情况向党中央作了汇报，认为"立刻暴动"的条件尚不成熟。3月上旬，周恩来专门召集尹宽、王逸常和曾在皖工作的柯庆施、许继慎到上海英租界开会，就是否举行暴动以及安徽省委和县委的工作情况辩论到深夜。六安县委抵制"左"倾盲动错误的正确意见得到中央的肯定。

1929年3月，龙大道再次由上海到芜湖工作。当时因中共怀宁中心县委书记陈贯一被调任，龙大道接受安徽临委指派担任中共怀宁中心县委书记，领导安庆市、怀宁县、桐城县、东流县、贵池县一带的革命活动。后来中共中央暂时取消安徽临委建制，在芜湖、安庆、八安、阜阳"这些区域建立中心地方党部，归中央直接领导"。1929年5月间，龙大道又被调回芜湖。

在芜湖领导工人运动期间，龙大道为积蓄革命力量，发展工人运动，经常深入制作麻将牌的工厂里。他以工人的身份作掩护，一边与工人干着刻牌的活计，一边向工人秘密宣讲革命道理。当时，牌场工人的工作条件十分恶劣，由于设备简陋，粉尘飞扬严重，且工人一天的劳动时间长达十几小时，不少工人因患上肺痨病死亡，而活着的工人又因工资微薄而难以养家糊口。于是，龙大道更加积极地为他们作革命指导。工人们也深受鼓舞，纷纷团结起来向工厂主发起斗争，为自己争取到了一定的经济利益。

持续的辗转和劳累的工作，龙大道病倒了。恶性疟疾折磨着他，虽多方就医，但时好时发，久病不愈。远在浙江奉化棠岙连山小学教书的妻子金翊群闻讯后，立即请假赶到芜湖照料龙大道。在妻子的悉心照料下，龙大道终于战胜了疟疾。尽管身体还未完全恢复，他又匆匆投入革命工作中，继续领导芜湖工人开展斗争。

## 在赣东北的白色区域

1929 年 6 月下旬，党组织决定派龙大道前往江西开展工作。趁此工作调动的间隙，龙大道专程前往棠岙连山小学去看望妻子金翊群。不久，学校放暑假，龙大道随金翊群来到镇海澥浦老家，却不承想这也是他一生之中最后一次回到此处。在澥浦时，龙大道经常与村里晒网或补网的渔民边干活边交谈，了解他们生活和劳动的情况，更启发和引导他们如何抵制渔霸的欺压剥削、对抗反动政府的苛捐杂税。后任澥浦附近东群小学校长的朱一靖在回忆当时龙大道在溆浦的情形时，曾夸赞道："龙大道真不愧是一个优秀的共产党员，时时处处都在关心人民的疾苦，到处不忘革命工作，从不轻易放过宣传革命的机会。"

1929年8月底，龙大道告别妻子金翊群回到上海，抓紧时间做好赴赣的准备工作。由于当时党的活动经费有限，党内同志的生活都十分拮据。为了减轻组织上的经济负担，龙大道私下把岳母替他缝制的一件新长衫送进当铺，换了钱以充赴赣的路费。在把收拾整理好的衣服、被褥和书籍等存放妥当后，考虑到妻子即将再次临产，龙大道又从手头挤出了"洋五十元整"，寄往溆浦老家以补贴妻子产后的生活，并先后给妻子写去两封信件，表达了对妻子的思念和自己未尽陪护之责的愧疚。安排好以上事宜后，龙大道即出发前往江西。

1929年8月31日，龙大道顺抵南昌，并拟安排"六号（九月）将由此转赴景德镇"，同行者还有上海总工会宣传部部长李

龙大道写给妻子的信

泊之。这是龙大道第一次来到南昌，其间所感可略见于他给妻子的信中（节录）：

> 南昌省城的市面，大不如前（据说），城拆下来修大马路，汽车已于九月一号开始开了乘。白［百］花州（湖）豫章公园等，也还不错，每天游人不少。滕王阁本来是历史上的名地，现在不仅阁无，连地皮也用来修了水上公安局，所以慕想到南昌来游览滕王阁的无异等于做梦了！……虽然游心虽有时发兴而忘形，可是精神上总是痛苦的（无论物质），也总不能享受到安慰。

　　来到"新地方"固然有些"游心"，但考虑到革命紧张，龙大道决定先行前往景德镇，李泊之则因事须在南昌多逗留几天。

　　五六天后，龙大道到达景德镇。作为全国总工会的特派员，龙大道此次赣行的主要任务即在此处巡视革命工作和指导工人运动。其时，景德镇作为一座单一陶瓷手工业支撑的城市，聚集了大量的各类瓷业工人。这些工人由于长期以来不仅受到官僚和资本家的压迫与剥削，还有各行业帮会的控制，斗争精神非常强烈，"一有所拂，则哄然停工""稍有不周，则群起罢工"。在江西党团组织的创始人赵醒侬1922年的调查分析中也曾指出："景德镇的瓷业工人奋斗精神很强，常时发生罢工情事。他们罢工故常有经济关系，也或因口角缘故。昔日在江西政治上认为最可怕的工潮，就是这个地方。"早在大革命时期，景德镇有组织的工人已达45000余人。

而在龙大道来到景德镇之前，这里已是国民党秘密统治的区域。过去蓬勃发展的工人运动，引起了大地主、大资产阶级的极端仇视，景德镇的党组织更一度被解散。但革命的力量没有退散，随着景德镇党组织的恢复和发展，以瓷业工人为主体的工人运动又开始复兴，工人罢工斗争的次数和参加罢工的人数也逐渐增多。1928年9月至1929年9月，瓷业工人为反对统治阶级，反对封建剥削，要求增加工资，罢工不下一二十起，参加人数超六七万人。面对良好的工人运动基础，龙大道判断，罢工运动可以进一步从经济斗争的广度向政治斗争的深度发展。

为了深入发动和领导工人运动，龙大道在景德镇期间，经常以烧窑工人的身份作为掩护，白天在工厂里和工人一起干活，还会发挥自己的书画功底给那些茶壶、茶杯、帽筒等瓷器写字描画，晚上则是游走串门、组织开会，向烧窑工人等各类瓷业工人宣传革命道理，进行斗争指导，发动他们从经济斗争迅速提高到政治斗争。也正是由于"全国总工会特派员龙大道较长时间在景德镇指导工运。景德镇的工人运动从以'增资改待'为中心的经

景德镇工人赠给龙大道的
茶壶（复制品，陈列在龙
大道故居）

济斗争转向'反公安局长'的政治斗争，这标志着景德镇的工人
运动进入了一个新的阶段"。

　　1929年11月下旬，中共江西省委遭敌破坏，进而牵连"以
景德镇为中心"建立的中共赣东北特委也遭破坏。龙大道所在景
德镇陷入严重白色恐怖，革命运动举步维艰。12月初，由于中共
赣东北特委秘书处干部张锦枝的叛变出卖，景德镇的革命力量在
国民党反动派的疯狂破坏下严重受挫，前来指导工作的省委巡视
员张世熙、赣东北特委秘书沈素等相继在景德镇被捕。为了保存
革命力量，党组织即指示凡在景德镇活动且已暴露身份的其他同
志迅速撤离，潜入安全地区。不久，龙大道在工人兄弟的精心安
排和掩护下，匆忙离开了生活、工作和战斗了近四个月的景德镇。

七

大道初心　命为志存

LONG DADAO

在严酷的白色恐怖下，在反动当局的严密搜捕和屠杀下，要坚持从事革命活动并使其得到巩固和发展是极不容易的。1930年龙大道回到上海后，不久即因叛徒出卖被逮捕。但是，面对敌人的严刑拷打和威逼利诱，龙大道用自己的实际行动和宝贵生命，守卫更诠释了共产党员大无畏的奋斗精神。

## 与"左"倾错误作斗争

1930年1月，龙大道被调回上海，担任上海总工会秘书长兼上海市各界人民自由运动大同盟主席、党团书记，继续从事上海工人运动。此前，1929年6月，根据中共江苏省委的指示，上海工会联合会（简称"工联会"）成立，负责"积极领导和帮助各种斗争，从斗争中争取公开的存在"，上海总工会则主要参加工联会的工作，并以工联会的名义继续在工人中开展艰难的宣传与组织活动。因此，龙大道回到上海后的工作，实际也是在工联会的领导下进行的。

党在上海工人中的基础，在大革命失败后保存得还是比较多的，这就为龙大道在此处开展革命活动工作提供了很大便利。四一二反革命政变后，尽管上海工人身处严重的白色恐怖，但他们仍然紧密团结在共产党组织的周围，并在党中央的就近和直接领导之下，坚持不断地斗争着。加之龙大道本就富有上海工运的

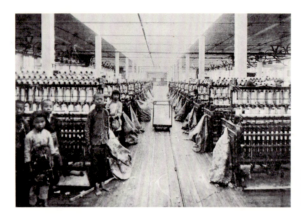

20世纪初，上海纱厂童工的工作场景，他们每天要工作12小时

理论与实践经验，他很快又开始奔忙于各工人集聚地区，并为工人群众接纳，先后领导了浦东日华纱厂和闸北、虹口丝厂的罢工运动，指导工人为争取增加工资待遇、改善生活现状进行斗争。

早期国内（包括上海）丝厂的纺织产业工人，绝大多数缺乏文化，文盲和半文盲占90%以上。后来由于各种工人补习班和工人夜校开始增多，识字的纺织工人也有所增加。因此，在发动丝厂工人参与斗争的同时，龙大道也非常注重启发他们的阶级觉悟和革命认识。他把妻子金翊群安排到虹口丝厂担任夜校教员，并在工作之余经常同妻子讨论工人们在夜校的情况：

> 丝厂工人十有八九是文盲，我们办夜校既是为了提高他们的文化，更为了提高他们的阶级觉悟。上课时，要联系他

龙大道全家照。这是 1930 年 4 月 18 日，龙大道在上海与妻子和前来探望的父亲共同拍摄的。照片质地为纸质，右开本。内页右侧为照片，左侧用毛笔写有"一九三〇年四月十八日　纪念品　庄书于沪上"

们悲惨的遭遇，用通俗易懂的语言，宣传革命的道理。比如教工人的"工"字，可以打比方，工字上面一横是天，下面一横是地，中间一竖是人，工人是顶天立地的好汉，使他们明白工人团结起来就是力量。

　　龙大道还要求作为教员的金翊群，课堂不仅在教室里，更要主动走到工人队伍里，并叮嘱她在极其复杂的斗争环境中，工人群众的工作要胆大心细，随时提高警惕。不久，金翊群又怀孕了，龙大道的工作却越来越忙，但他还是会记得经常买些新鲜水果和蔬菜给妻子。后来金翊群产期将近准备返回溆浦老家，龙大道与她送别时，曾在黄浦江前满怀歉意地说道："真不巧，你每次做产，我总是不能陪你。希望你保重身体，产后我再把你接出来。给孩子取名'英尔'吧，英特纳雄耐尔一定要实现。"谁也未想到，这一别，竟成永诀。

1930年春，国民党各派新军阀混战的重新爆发，在客观上造成了有利于革命发展的局势。加之在党的许多优秀分子扎扎实实地埋头苦干下，"党同群众的关系，党在群众中的政治影响与领导斗争的力量，都开始了新的进展"。但是随着党在国民党统治区的工作得到恢复和发展的同时，党内"左"的急性病又发展起来，并逐渐占据上风。6月11日，李立三主持召开中共中央政治局会议，通过《新的革命高潮与一省或几省首先胜利》的决议案，对中国革命形势、性质和任务等问题作出了一整套的"左"倾冒险错误主张，要求全国各地准备马上起义。

而这种"左"倾冒险错误推行的结果就是给革命造成极大的危害。上海总同盟罢工、南京兵暴、武汉暴动，以及各路红军攻打中心城市的所有冒险行动，几乎都以失败告终，使得一大批共产党员和群众积极分子被杀、被捕和受伤，党组织受到严重破坏。党的领导机关和奋战在第一线的广大党员干部，越来越认识到"左"倾冒险错误的危害，纷纷起来反对，坚决要求中共中央停止"左"倾冒险政策。当时凡是执行"左"倾冒险计划的地方，都遭到严重损失。"左"倾冒险错误开始受到从中央到地方的抵制和反对。

当时，为了避免"左"倾冒险错误对革命造成严重损失，龙大道和中华苏维埃准备委员会秘书长林育南、中共江苏省委常委何孟雄等党和工会的一批领导骨干，曾多次用口头或书面的形式向党中央和共产国际反映意见，指出到处搞暴动"是泛暴动主义"。结果，他们却反被扣上"右派""机会主义""取消派的暗探"等帽子，甚至在党内受到了排斥和打击。1930年8月底至9月下旬，经过周恩来、瞿秋白等的努力，中央开始纠正"左"倾错误，并召开扩大的六届三中全会结束了"左"倾冒险错误在党中央的统治。

就在龙大道按照"立即恢复党、工会、团的经常领导机关"的会议指示，重新投入上海总工会正常工作后不久，由于共产国际的直接干预，党内又产生了"左"倾教条主义的严重错误。1931年1月7日，中共扩大的六届四中全会在上海公共租界秘密召开，王明被选为中央政治局委员。他在会上以"执行国际路线""反对立三路线""反对调和主义"为旗号，推出了一条比李立三的"左"倾冒险错误更"左"的教条主义路线。林育南、李求实、何孟雄等工会、江苏省委以及苏维埃准备委员会的负责同志从党的利益考虑，发表声明反对六届四中全会的选举结果及其错误决议，反对王明"左"倾教条主义领导，坚持党内斗争。

## 屠刀未泯革命志

接连发展的党内"左"倾错误，不仅给刚刚表现复兴的上海工人运动带来了很大的损失，也使得党的工作环境更加恶化。第一次全国苏维埃代表大会筹备期间，为了确保党中央与各省党组织之间来往的安全，党在上海先后设置了10余处既隐蔽又可靠的活动和联络点，包括汉口路的东方旅社、天津路的中山旅社以及华德路小学等，以供地下情报联络、各地来沪代表接待及在沪地下人员接头等。

1931年1月17日，中共有关方面负责人分别在东方旅社、中山旅馆、华德路小学等处秘密聚会，商讨抵制王明错误领导的对策。根据叛徒的告密，国民党上海市警察总局局长袁良勾结英租界工部局老闸捕房组成的"联合行动队"，从1月17日开始了一场有预谋的大搜查。东方旅社和中山旅社两处与会人员几乎是同时在会议的进行中毫无防范地全部被包围和逮捕。从杭州赶回上海匆忙前来赴会的龙大道，则是在中山旅社门口与闸北区委书记黄理文，一同被暗伏的包探逮捕，旋即被关押至老闸捕房。

这场大搜查一直持续到了1月21日，除东方旅社、中山旅社两处外，反动派的巡捕们还从华德路鸿云坊152号、武昌路650号等党在上海其他的秘密处所，前后陆续抓走了包括龙大道

图为旧时上海东方旅社

龙大道等被捕后，被关押在租界的老闸捕房。图为当时老闸捕房内景

在内的共 36 人，全部会议记录和文件也被敌人抄走。

当时被捕的林育南、何孟雄、龙大道、李求实等人，都是斗争经验丰富、领导能力极强的优秀共产党领导干部，他们对于党的事业都作出过很大贡献。敌人能够一举逮捕如此数量的共产党重要干部，甚是喜出望外。蒋介石甚至专门从南京发来电报表示极大关注，并责令上海市长张群、淞沪警备司令熊式辉等抓紧时间审问，尽快将上海的共产党一网打尽。

1 月 23 日，龙大道等同志被秘密移解到位于上海西郊的龙华国民党淞沪警备司令部。他们在监狱入口的大青石处被钉上了特大"半步镣"。按当时监房的规定，脚镣这种虐待犯人最残酷的刑具，只有土匪和杀人犯才会被钉上。这种脚镣重达 20 余斤，而镣链只有 20 厘米长，龙大道等被钉上之后行动十分困难，只能半步半步地挪动。至于吃的，一天两餐全是沙子、稗子、谷子混合的"三子饭"，还有从菜场拣来的腐烂发臭的烂菜叶，敌人试图从肉体上消磨龙大道等同志的斗志。

面对敌人的残酷折磨，龙大道依然咬紧牙关，始终严守着党的机密，更不忘继续努力为党工作。在监牢里，龙大道不仅随同志们继续做党的工作，向看守士兵宣传，向狱内群众宣传，还利用放风的机会，积极与林育南、何孟雄等交换意见，研究继续与王明作斗争的策略，还抓紧时间给党中央和共产国际写了一份

淞沪警备司令部
龙华监狱男牢
（复原图）

长长的报告，再次陈述了"左"倾错误给革命事业带来的严重
危害。

　　党组织十分关心狱中的情况，经常派人以家属的名义，前去
探监、看望和鼓励龙大道等同志，并想方设法通过互济会给他们
送去衣被、药品和钱物，同时积极争取舆论支持，多方联络、疏
通关系，抓紧开展一系列营救工作，但最终未能成功。

　　1931年2月7日夜，监狱看守长带领大批宪兵，对龙大道等
24人宣布，今晚要把他们移解南京，并为每个人戴上手铐，带出
了牢房。犯人们紧张地趴在窗口看，而龙大道等被叫出来的人反
而很坦然，他们提着脚镣向前走，和狱中的其他同志点头告别。

　　寒冷的黑夜中，24人被押至看守所旁的一块空地上，预先躲

龙华革命烈士就义地

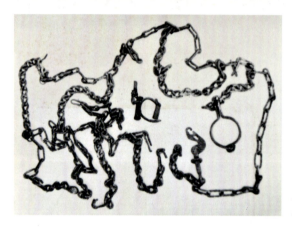
在烈士牺牲地挖掘出的
脚镣、手铐

在屋子里的士兵将枪从窗口伸出来。枪声一阵接着一阵,龙大道等人没有被吓倒,高喊着"中国革命成功万岁!""世界革命成功万岁!"刽子手向他们连发80多枪,不少同志都中弹倒下,但是只要还有一口气,仍坚持喊口号。这是一次空前卑劣的屠杀。第

龙大道画传

二天，看守长派人用大卡车将尸体运到预先挖好的深坑里秘密掩埋，妄图掩盖其血腥卑劣的罪行。

龙大道等二十四烈士被秘密杀害的消息，不久由监狱党支部通过各种方式报告给了组织。由中共中央主办的《红旗报》和《海光报》立即发布消息，揭露国民党残杀革命者的卑劣行径。1931 年 4 月 25 日，中国左翼作家联盟出版《前哨》，并在第一卷第一期发表宣言，对国民党反动派的这次屠杀进行了无情的揭露和有力的控诉，呼唤国际革命团体声援。鲁迅、冯雪峰也分别在上面发表了《中国无产阶级革命文学和前驱的血》《我们同志的死和走狗们的卑劣》。

## 英雄风骨今尚在

1933 年，在二十四烈士牺牲两周年之际，鲁迅悲愤地写下了《为了忘却的记念》一文，以作沉痛悼念。

后来，被囚禁在龙华狱中的一位狱友为深情缅怀二十四烈士的英勇就义与壮烈牺牲，在狱中的墙壁上写下了这首诗：

> 龙华千古仰高风，
> 壮士身亡志未穷。
> 墙外桃花墙里血，

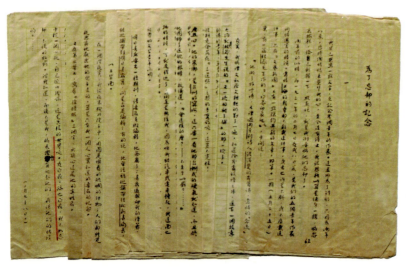

鲁迅为纪念烈士牺牲二周年时写的文章《为了忘却的记念》手稿

一般鲜艳一般红。

1945 年 4 月 20 日，在延安杨家岭结束的中共扩大的六届七中全会讨论并通过《关于若干历史问题的决议》，对王明"左"倾教条主义作了详细结论，更推倒了其强加在二十四烈士身上的不实之词，对他们做出了公正的评价：

其实，当时的所谓"右派"，主要地是六届四中全会宗派主义的"反右倾"的斗争的产物……至于林育南、李求

二十四烈士就义地。1950 年上海市人民政府在此处发掘出烈士的遗骸，还有脚镣、手铐及部分烈士遗物

革命牺牲军人家属光荣纪念证

革命烈士证明书

实、何孟雄等二十几个党的重要干部，他们为党和人民做过很多有益的工作，同群众有很好的联系，并且接着不久就被敌人逮捕，在敌人面前坚强不屈，慷慨就义……所有这些同志的无产阶级英雄气概，乃是永远值得我们纪念的。

1950 年 3 月 22 日，中央人民政府内务部发函给上海市人民政府，要求查找"龙华二十四烈士"遗骸。同年 4 月 5 日，上海市人民政府根据多方提供的线索，经过充分考证与鉴定，终于寻觅到龙华二十四烈士埋骨之处，成功挖掘出 18 具完整遗骸和部分碎骨，以及脚镣、手铐、绒线背心等物，并在原地将他们进行合葬，同时设一块纪念碑，刻有烈士的姓名和英勇斗争事迹。

1961 年，中央人民政府将由毛泽东主席签发，盖有"中华人民共和国中央人民政府"之印的"革命牺牲军人家属光荣纪念证"颁发给龙大道的家属及其后代，以褒扬革命烈士永垂不朽，革命精神永留史册。

# 龙大道大事年表

**1901 年**

10 月 6 日　生于今贵州省黔东南苗族侗族自治州锦屏县茅坪镇上寨村的一个木商家庭，原名龙康庄，字坦之。父龙治藩，生母王姜月，继母吴合翠。上有一哥哥。

**1908 年**

进入私塾接受国学启蒙。

**1911 年**

春　进入中国同盟会会员吴志宾、黄竺笙在家乡创办的新学堂——茅坪小学堂读书，初步接触到了民主革命的思想。

**1916 年**

秋　进入天柱县立中学堂读书，但未等毕业便主动请退。

**1919 年**

春　考入时由恽代英任教务主任（相当于校长）的私立武昌中华大学附属高中部读书。

5 月　参加武汉学生联合会为声援北京学生爱国运动举行的集会和游行示威。

1922 年

**3 月** 加入社会主义青年团组织。

**6 月** 从私立武昌中华大学附属高中部第九班毕业。

**秋** 考入上海大学社会学系读书,后成为时任上海大学教务长、社会学系主任瞿秋白的学生。

**11 月 22 日** 由张其雄、施存统介绍,经瞿秋白、王荷波、沈雁冰、徐白民、徐梅坤等执行委员组成的中共上海地方兼区执行委员会审查,龙大道被批准成为中国共产党候补党员,并编入第一组(即上海大学组)。三个月后,转为正式党员。为表明自己已经寻找到共产主义光明大道,他将自己的名字由"康庄"改为"大道"。

**12 月** 《团上海地方团委调查表(1923 年 12 月)》记载,龙大道任上大团支部组长。

1924 年

**2 月** 为了给中国革命培养骨干力量,党中央决定选派一批党的优秀干部去苏联莫斯科东方劳动者共产主义大学(简称"东方大学")学习深造,上海党组织将这一决定通知龙大道。不久,龙大道返回家乡茅坪筹措赴苏留学经费。

**9 月 1 日** 在赴苏总领队刘伯坚的安排下,启程赴东方大学。

9月6日　下午一时抵达海参崴。

9月7日　在海参崴写信给父亲，汇报沿路情形。

10月4日　与李求实等一行共9人作为第四批学员安全到达东方大学，随即被分在社会科学二年级第五班，编号2151，俄文名字叫"达加多夫"（Догадол）。

1925年

1月4日　与朱克靖谈话。同日，又与杨介人（别名杨介臣）、张宝泉等共谈"将来我们的生活问题"。

2月7日　与嵇直谈话。

3月14日　与朱克靖就"我（朱克靖）的历史"作半小时谈话。

6月　莫斯科举行了50万人参与的声势浩大的游行示威，声援中国五卅运动。不久，龙大道等奉令提前回国，离开东方大学。

8月至12月　回国任上海总工会第五（曹家渡）办事处主任。

1926年

1月1日　作为印刷总工会代表出席商务印书馆工会元旦大会暨第二次全体大会并演说。

4月　中共上海区委组织系统、组织关系表及负责人、活动分子名单收录上海地方活动分子名单：上总：龙康庄（即龙大道）。

5 月　与罗亦农、赵世炎、汪寿华一起领导五卅运动一周年纪念游行示威活动。

6 月 4 日　在中共上海区委主席团会议上被任命为中共曹家渡部委书记兼部委职工运动委员会负责人。

7 月 9 日　国民革命军在广州誓师北伐。

7 月 20 日　怀着对国民革命的期待和对家乡人民的牵挂，在上海给父亲龙治藩写去了一封家信。

9 月 8 日　中共上海区委举行特别会议，调任龙大道为上海总工会组织部干事，具体负责工人纠察队的秘密组织和训练工作。

10 月　率工人纠察队夜袭浦东烂泥渡警察所，成功缴获 8 支步枪、200 余发子弹。

10 月 23 日至 24 日　参加上海工人第一次武装起义，任闸北地区行动指挥，亲率杨树浦发电厂 80 多名工人纠察队队员和 40 多名上大学生埋伏在闸北旱桥一带。

12 月 4 日　作为上海总工会代表出席皖苏浙三省联合会召集的各团体联席会议，讨论三省自治、辟上海为特别市之市民大会等问题。

12 月 10 日　作为上海总工会代表出席指导上海手工业总工会成立大会并作讲话。

1927 年

1 月 4 日　中共上海区委召开全体会议,决定由龙大道等 4 人组成上海总工会主席团,龙大道等 9 人为上海总工会常务委员会委员,同时推选龙大道为新的职工运动委员会委员。

2 月 8 日　参与上海总工会在榆林路延令里 14 号英商电车工会俱乐部楼上厢房秘密召开的干部会议,讨论布置上海工人第二次武装起义相关事宜。其间遇到搜捕,后在工人同志帮助下安全撤离。

2 月 19 日　上海全市罢工。龙大道负责先施公司的罢工指导。后因孤军奋战和反动军阀的残酷镇压,上海工人第二次武装起义归于失败。

3 月 7 日　新成立的中共上海区委召开会议,提出恢复上海总工会常务委员会,并增设经济斗争部、交际科(部)和纠察队。龙大道被推选为上海总工会经济斗争部负责人(主任)。之后,他组织领导闸北区和商务印书馆的工人秘密集会,筹集武器,训练队员,为武装起义做好充分准备。

3 月 21 日至 22 日　参加上海工人第三次武装起义,协助周恩来、赵世炎指挥闸北地区的激烈战斗。

3月23日　作为上海总工会代表出席闸北青云路50余万市民"拥护市民政府欢迎北伐军市民大会"，并作讲话："我们已经以热血换得了自由，我们今后还要以热血来保卫我们所得的自由，我们要结成工农兵学商的大联合，坚决拥护革命的上海市政府。"

3月25日　上海总工会在闸北湖州会馆召开执行委员会，宣布龙大道为会议主席主持会议。

3月27日　上海总工会召开上海工人代表大会，选举产生了主席团和新的执行委员会，龙大道当选执行委员之一。

3月28日　上海总工会召开第一次执行委员会议，选举正副委员长和各部部长，龙大道继续任经济斗争部部长，兼上海总工会常务委员。

3月30日　作为上海总工会代表参加青云路世界大戏院举行的青年代表大会并发表讲话："上海总工会是代表全上海八十万工友利益的，特别要维护青年工人的利益，青年工人更应一致积极拥护代表自己利益的上海总工会。"

4月　与金翊群（时为上海景贤女中学生代表、闸北区政府委员，浙江镇海人）在上海结为革命夫妻。

4月2日　蒋介石指示国民党右派吴稚辉等8人，召开非法的国民党中央监察委员会全体大会（全体监委28人），决定将包括龙大道在内的 197 名共产党人"先行看管""制止其活动"。

4 月 3 日　作为上海总工会代表参加商务印书馆工会追悼被难烈士大会并发表演说。同日，参加上海金属业总工会授旗礼并道授旗词。

4 月 10 日　参加上海各团体欢迎汪精卫复职第六次筹备会。

4 月 13 日　四一二反革命政变后，上海总工会在闸北青云路广场举行罢工集会，龙大道愤怒揭露蒋介石反革命武装袭击工人纠察队的阴谋罪行。会后举行游行示威，但因反动派军队突然袭击，龙大道在指挥队伍游行中亦遭重伤。

4 月 19 日　南京国民党中央下令通缉包括龙大道在内的 197 名共产党人及"跨党分子"。

4 月 25 日　国民党淞沪警备司令部发布通缉令，悬赏捉拿龙大道等 20 名"反动共产分子"。

4 月 27 日至 5 月 9 日　参加中国共产党第五次全国代表大会。

6 月 10 日　在湖北省总工会召集的手工业工人代表大会上，"报告工商联席会议决议案，逐条解释。非常清晰，并说明工商俱乐部之宗旨，痛言帝国主义经济封锁影响武汉革命根据地，以及工商业历受共同的痛苦，非工商共同联合，向共同的敌人进攻不可"。

6月18日　参加第四次全国劳动大会预备会，当选大会经济委员会主任，负责主持起草经济斗争决议案。

6月19日　与上海工人代表团一行参加第四次全国劳动大会。

6月22日　组织刘幼安等8名工商俱乐部委员，召开第三次常委会，通报本部案件情况及后续工作办法。

6月25日　代表上海工人代表团在第四次全国劳动大会上做报告，并与许白昊、张昆弟等人组成经济委员会，龙大道任主任，负责起草《经济斗争决议案》。

7月9日　作为工商俱乐部负责者，与中央商民部共同判结了三起工友与店东纠纷案。

7月中下旬　七一五反革命政变前后，根据中共中央的应变部署，中共汉口第二区委改组成立，由龙大道等5人组成常委会，直属湖北省委管辖。龙大道化名赵庄，继续领导工人群众开展地下革命活动。

8月至10月　任中共汉口第二区委书记，与向警予、林育南等一起工作。其间，曾不幸被捕，并在狱中作下《狱中》一诗，后在组织营救下带领难友越狱成功。

11月　中共湖北省委决定由龙大道、林仲丹（林育英的化名，又名张浩）、欧阳梅生等组成新的中共汉阳县委，龙大道任县委书记。中共汉阳县委书记刘子谷调离，龙大道接任县委书记。

**11 月中旬**　中共浙江省委在上海召开会议，增补龙大道为省委委员。但因武汉工作繁重，龙大道未到职。

**12 月 5 日**　主持中共汉阳县委、团汉阳县委召开联席会议，作出《中共汉阳县委、团汉阳县委联席会议关于在目前形势下工作策略的决定》。《决定》深刻分析了当时形势，并对汉阳的党团建设、工人运动、农民运动和武装暴动等问题提出了行动措施。

**12 月 14 日**　中共湖北省委在汉口召开扩大会议，龙大道当选为新的省委执行委员会委员。接着，与郭亮、向警予、黄五一等召开省委会议，研究部署年关暴动问题。

**12 月底**　与林仲丹、欧阳梅生等筹划年关暴动，领导汉阳地区的工人斗争。其间，给远在镇海澥浦老家的妻子金翊群去信一封。

## 1928 年

**1 月**　中共湖北省委拟调龙大道到京汉铁路工作，由林仲丹接任中共汉阳县委书记。但因时局困圃，龙大道后未能成功前往被改组的京汉特委就职。

**1 月下旬**　得悉妻子金翊群平安生下长子，即去信表示，"孩子就叫'支雯'。支字四划，雯字十二划，希望你和孩子牢记

'四·一二'事件中牺牲的战士……"

**2月12日**　与林仲丹、欧阳梅生在欧阳梅生家中秘密开会，就当前形势交换意见，并决定由欧阳梅生起草给中共湖北省委的紧急报告。不料欧阳梅生牺牲在革命岗位上。

**2月底**　前往镇海澥浦探望妻子金翊群和孩子龙支雯。其间，在村中积极了解民情，宣传革命。

**3月**　与妻子金翊群回到上海。

**3月14日至3月16日**　中共浙江省委扩大会议在上海召开，周恩来代表党中央到会作政治报告，龙大道当选为省委委员。

**4月**　与妻子金翊群到杭州就任浙江省委工人部部长。化名"希圣"，以中学教师职业为掩护，秘密开展地下工作。

**5月16日**　中共临时中央政治局留守常委会召开会议，决定改组中共浙江省委，由卓兰芳任书记，增加龙大道等为省委常委，并明确卓兰芳（时在浙西一带刚刚开展工作，暂无人继任）未到杭州前，省委书记由龙大道代理。其间亲自参加和领导杭县党员代表大会。

**5月23日**　参加浙江党团省委联席会议。会后几日，与夏曦交接中共浙江省委书记工作。

**6月初**　以省委巡视员的身份，在中共浙南特派员管容德

（后叛变）陪同下前往天台，视察天台地下党的工作和情况。

6月22日　代表中共浙江省委在诸暨县指导县委会议，会上作出发动农民开展减租减息、抗租增资的决议。

7月　二下天台检查指导工作，同时巡视浙南台属六县，以着手筹措浙南特委。

9月上旬　回到中共浙江省委机关汇报视察情况后，与卓兰芳等主持制定了《秋收斗争工作大纲》《农字通告新编第一号》《农字通告新编第二号》等文件，指示各地开展秋收斗争，以抗租和减租口号发动群众，扩大群众组织，并引导农民走上土地革命的道路。

9月中旬　与中共浙江省委其他领导共同作出《浙江省委目前政务决议案》，指出浙江省目前的政治任务主要是争取群众的问题，一方面要反对和平发展，一方面又要纠正盲动主义，要在领导群众日常斗争中去争取广大的群众。

随后，化名老苏，前往黄岩县巡视，在白色恐怖情况下，恢复建立党的县、区领导机构。

9月下旬　三下天台，布置天台、黄岩、台州、温州等地选派代表出席温、台地区党的联席会议，并创建中共浙江特委。

11月　中共浙江省委改组，此前中央已决定调龙大道回上海另行分配工作。

12 月　由浙江回到上海。

1929 年

1 月　前往安徽芜湖从事革命活动。

2 月 5 日　受党中央指派，由中共潜山特别支部书记王效亭陪同离开芜湖，前往六安县调查关于皖西暴动的矛盾问题。

2 月 9 日　在潜山县天堂山一个姓干的朋友家过年。

2 月 10 日　大年初一，有感而发，作诗二首。其一《窗前鹊》："喜鹊窗前叫，俗谓佳音兆；依俗姑谈俗，有何堪值报？"其二《天柱峰》："皖山源大别，雪后万岭白；奇哉天柱峰，独不见雪色。"

2 月 11 日　向妻子金翊群去信一封。

2 月下旬　抵达六安县调查情况。随后回上海向党中央汇报。

3 月　由上海返回安徽，担任中共怀宁中心县委书记，领导安庆市、怀宁县、桐城县、东流县、贵池县一带的革命活动。

5 月　因中共安徽临委改制，被调回芜湖。其间因工作辗转劳累，不幸染病，妻子金翊群从奉化棠岙连山小学赶到怀宁照料。

6 月　前往奉化棠岙连山小学探望妻子金翊群。其间，随妻子回镇海澥浦看望孩子和岳母。

8 月　返回上海，变卖衣衫做去赣路资。

8月31日　由沪顺抵江西南昌，并给妻子金翊群去信一封。

9月至11月　到达江西景德镇，并以全国总工会特派员身份在当地巡视革命工作和指导工人运动。

12月　白色恐怖笼罩江西景德镇，当地党组织多被破坏，龙大道秘密潜回上海。

## 1930 年

1月　任上海总工会秘书长兼上海市各界人民自由运动大同盟主席、党团书记，继续从事上海工人运动。

6月11日　李立三在上海主持召开中共中央政治局会议，通过《新的革命高潮与一省或几省的首先胜利》决议案。会后，龙大道与林育南、何孟雄等对"左"倾冒险主义进行了坚决地斗争，结果受到排斥与打击。

## 1931 年

1月7日　中共扩大的六届四中全会在上海召开。王明被选为中央政治局委员，推出了一条比李立三的"左"倾冒险错误更"左"的教条主义。会后，龙大道与何孟雄、林育南等，多次发表声明反对四中全会的错误决议，遭到了王明的无情打击和报复。

1月17日　林育南、何孟雄等分别在东方旅社和中山旅社开会途中，由于叛徒出卖，均遭被捕。龙大道从杭州赶回上海，当他找到中山旅社附近时，恰遇赴会的黄理文，两人交谈时被暗探逮捕，关押至老闸捕房。

1月19日　被国民党江苏省高等法院第二分院开庭审理后，和其他被捕人员由老闸捕房被引渡到上海南市公安总局。

1月20日　被敌人审问，坚不吐实。

1月23日　被敌人秘密移解至龙华淞沪警备司令部。在狱中备受折磨，始终坚贞不屈。

2月7日　在敌人的枪声中，与其他23位同志高呼口号，英勇就义，时年30岁。

# 参考文献

1. 中共中央文献研究室编：《周恩来年谱（1898—1949）》，中央文献出版社 2020 年版。

2. 中共中央党史和文献研究院编：《刘少奇年谱》第 1 卷，中央文献出版社 2018 年版。

3. 中共中央党史和文献研究院：《中国共产党的一百年》，中共党史出版社 2022 年版。

4. 中国中共党史人物研究会编：《中共党史人物传》第 42 卷，中国人民大学出版社 2017 年版。

5. 陆景川、龙显政编著：《龙大道传略》，贵州教育出版社 2011 年版。

6. 锦屏县地方县志编纂委员会编：《锦屏县志：1991—2009》下，方志出版社 2011 年版。

7. 武汉市档案馆编：《江汉炳灵：武汉高校档案概览（1912—1949）》，湖北美术出版社 2022 年版。

8. 恽代英：《恽代英全集》第 3 卷、第 4 卷，人民出版社 2014 年版。

9.《瞿秋白诗文选》编辑小组选编:《瞿秋白诗文选》,人民文学出版社 1982 年版。

10. 胡申生:《从上海大学走出来的英雄烈士(1922—1927)》,上海大学出版社 2020 年版。

11. 张元隆:《上海大学与现代名人(1922—1927)》,上海大学出版社 2011 年版。

12. 中共中央党史研究室科研局编:《李大钊研究文集》,中共党史出版社 1991 年版。

13. 中共中央文献研究室、中央档案馆编:《建党以来重要文献选编(1921—1949)》第 2 册,中央文献出版社 2011 年版。

14. 中共上海市委组织部、中共上海市委党史资料征集委员会、中共上海市委党史研究室、上海市档案馆:《中国共产党上海市组织史资料》,上海人民出版社 1992 年版。

15. 张仰亮:《中心城市的革命:中共上海地方组织及其工人动员(1920—1927)》,上海人民出版社 2021 年版。

16. 上海市档案馆编:《上海工人三次武装起义》,上海人民出版社 1983 年版。

17. 安金月主编:《新时期工会主席与工会工作实务全书》下,兵器工业出版社 2001 年版。

18. 陈云故居暨青浦革命历史纪念馆编:《走近陈云:口述历

史馆藏资料辑录》，中央文献出版社 2008 年版。

19. 中共中央组织部、中共中央党史研究室、中央档案馆编：《中国共产党组织史资料》第 1 卷，中共党史出版社 2000 年版。

20. 中华全国总工会中国职工运动史研究室编：《中国工会历史文献（1921.7—1927.7）》1，工人出版社 1958 年版。

21. 中共武汉市委党史研究室、中共五大会址纪念馆编：《中国共产党第五次全国代表大会》，中共党史出版社 2007 年版。

22. 中共中央党史研究室第 · 研究部编：《中国共产党第一至第六次全国代表大会代表名录》，上海人民出版社 2014 年版。

23. 王持栋主编：《工会统计辞典》，能源出版社 1989 年版。

24. 中华全国总工会中国职工运动史研究室编：《中国历次全国劳动大会文献》，工人出版社 1957 年版。

25. 刘明逵、唐玉良主编：《中国工人运动史》第 3 卷，广东人民出版社 1998 年版。

26. 中央档案馆编：《中共中央文件选集 1927》第 3 册，中共中央党校出版社 1989 年版。

27. 武汉地方志编纂委员会主编：《武汉市志·政党志》3，武汉大学出版社 1998 年版。

28. 中国人民政治协商会议浙江省委员会文史资料研究委员会：《浙江文史资料选辑》第 18 辑，浙江人民出版社 1981 年版。

29. 中共台州市委党史研究室著：《中共台州党史（1924—1949）》第 1 卷，中共党史出版社 2001 年版。

30. 中国人民政治协商会议浙江省委员会文史资料研究委员会编：《浙江文史资料选辑　3》第 17 辑，浙江人民出版社 1982 年版。

31. 中共台州市委党史研究室编：《台州革命历史文献选编》，南开大学出版社 1997 年版。

32. 中共河南省委党史研究室、中共安徽省委党史研究室编：《鄂豫皖革命根据地史》，安徽人民出版社 1998 年版。

33. 上海市作家协会编：《黎明前的胜利曙光》，上海人民出版社 2021 年版。

34. 《上海丝绸志》编纂委员会：《上海丝绸志》，社会科学院出版社 1998 年版。

# 后　记

　　2024 年是新中国成立 75 周年。行程万里，不忘来路。习近平总书记深刻指出："我们的红色江山是千千万万革命烈士用鲜血和生命换来的。"回首过往奋斗路，无数革命先烈矢志不渝、前赴后继，从石库门到天安门，处处谱写着他们气壮山河的英雄史诗；从兴业路到复兴路，处处激荡着他们凯歌以行的英风浩气。

　　龙大道烈士是"龙华二十四烈士"中唯一的少数民族烈士。长期以来，对他的专门研究并不多。上海是龙大道烈士多年学习和工作的地方，也是他最后牺牲的地方。从西南腹地的大山深处出发，龙大道早年曾来到上海读书求学，他在上海加入中国共产党，又从上海出发赴苏留学。1925 年上海五卅运动爆发后，他即回国从事上海工人运动，参与并领导了上海工人三次武装起义。1927 年四一二反革命政变发生后，龙大道离开上海，辗转湖北、浙江、安徽、江西等地，继续秘密从事革命工作。1930 年龙大道回到上海，其间同何孟雄等与党内"左"倾错误积极斗争，后在严重的白色恐怖下，因叛徒出卖被逮捕，最后英勇牺牲，年仅30 岁。

本书自启动以来即得到了中共上海市委党史研究室主任严爱云的大力支持，以及各方面兄弟单位的倾情帮助。中共贵州省委党史研究室、中共黔东南州委党史研究室、锦屏县档案馆（县史志办）、雨花台烈士纪念馆、龙华烈士纪念馆、华东师范大学档案馆等提供了大量原始资料与珍贵图片。特别感谢中共贵州省委党史研究室文献编辑处三级调研员申铁、中共黔东南州委党史研究室原主任吴隆文以及锦屏县档案馆馆长龙力源、副馆长杨存坚不辞辛苦，陪同笔者实地走访龙大道烈士的家乡贵州省锦屏县茅坪镇，详细介绍烈士生平事迹，并帮助考证相关史料线索。还有中共上海市委党史研究室黄金平处长，马婉副处长，黄坚、胡迎等同仁们，上海人民出版社编辑，在此一并表示衷心感谢。

述往思来，向史而新。英烈的功勋，彪炳史册；革命的精神，长存世间。在全国烈士纪念日到来之际，谨以本书致敬并缅怀所有为国捐躯、为民牺牲的英雄烈士，希望本书能够为进一步推动英烈研究、做好英烈宣传略尽绵薄之力。

由于时间仓促，加之笔者所学有限，书中错漏之处，敬请读者谅解并批评指正。

作者

2024 年 8 月

**图书在版编目(CIP)数据**

龙大道画传 / 中共上海市委党史研究室，龙华烈士
纪念馆编 ；钱晨晨著. -- 上海 ：上海人民出版社，
2025. -- ISBN 978-7-208-19342-0

Ⅰ. K827＝6

中国国家版本馆 CIP 数据核字第 2024YW5133 号


**责任编辑**　刘　宇
**封面设计**　周伟伟

**龙大道画传**

中共上海市委党史研究室　编
龙 华 烈 士 纪 念 馆

钱晨晨 著

出　　版　上海人民出版社
　　　　　（201101　上海市闵行区号景路 159 弄 C 座）
发　　行　上海人民出版社发行中心
印　　刷　上海中华印刷有限公司
开　　本　720×1000　1/16
印　　张　15.25
字　　数　128,000
版　　次　2025 年 1 月第 1 版
印　　次　2025 年 1 月第 1 次印刷
ISBN 978 - 7 - 208 - 19342 - 0/K · 3456
定　　价　98.00 元